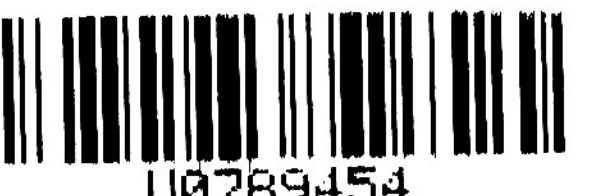

腰疼脊痛論附臂

内經云。太陽所至為腰痛。考足太陽膀胱之脉所過。還出別下項。循肩膊內挾脊抵腰中。其為病也。項如拔。挾脊痛。腰似折。不可以曲。經又云。腰者腎之府。轉揺不能。腎將憊矣。人能於作強伎巧之官。謹其閉蟄封藏之本。則州都之真氣布護。雖六邪苛毒。弗之能害。若日竭其精。元陽耗散。腎臟空虛。則膀胱安能獨固。於是邪氣乘虛。侵犯太陽。故有寒濕風熱之作不一。而更有挫閃瘀血氣滯痰積之作痛不同。至腎虛房勞一症。則必脚軟膝痠。腰肢痿弱。甚有骨敗不能起於床者。豈僅痠痛而已哉。且腎脉貫脊。背脊亦屬太陽。腰痛而兼脊痛者。此脊髓空虛。賊邪襲入。以致傴強而不能屈伸如意也。經曰。西風生於秋。痛在肺腧在肩背。其分野所屬也。又云肺氣有餘。則肩背痛。風寒汗出。則肩背痛而寒少氣不足以息。又云少陰司天。熱淫所勝。痛在肩背缺盆。又云邪在腎。則肩背痛。是腎氣上逆也。并列症方於左。

腎虛腰痛

腎虛者。腰肢痿弱。脚膝痠軟。力怯短氣。小便清利。按腎屬水而主骨。痿弱痠軟者。骨不堅也。兩腎中間為命門。內有真火。力怯短氣。小便清利者。火不足也。總由腎氣虛寒。水火兩虧之故。仲景治以腎氣丸。地黃滋水。桂附補火。水無土不畜。故用山藥之淡者。以補脾。火無木不生。故用山萸之酸者。以温肝。牛膝通脉丹皮和血。合茯苓澤瀉車前化膀胱之濁氣。以強陰。腎氣固。精骨充。腰痛愈矣若小便黄數。虛火上炎者。六味丸。封髓丹主之。

腎氣丸

熟地　山藥　山萸　茯苓　丹皮
澤瀉　牛膝　車前　肉桂　附子

右為末蜜丸每服三錢空心開水下

立安飲

杜仲　黄柏　破紙　人參　兎絲　牛膝
茯苓　當歸　川芎　熟地　青塩
右㕮咀水煎服

六味丸

熟地　山藥　山萸　茯苓　澤瀉　丹皮
右為末蜜丸每服三錢空心開水下

三才封髓丹

天冬一两熟地二两人參五錢黄柏酒炒三两砂仁一两五錢甘草炙七錢
右為末蜜丸每服三錢酒下一方加乾蓯蓉一两

腎寒腰痛

腎寒腰痛者雖因外感寒邪亦由腎精不足外邪襲入經絡不榮故腰中冷痛不已而展轉俯仰不利也抜萃治以青娥丸杜仲甘温補肝強腎肝充則筋健腎充則骨強子能令母實也故紙辛苦大温益相火以通君火去冷逐寒胡桃肉味甘氣熟通命門以利三焦補氣養血川萆薢味甘性平去風濕以固下焦培肝堅腎三藥皆治腰冷寒痛腎虚之要品也蜜丸而用青塩少許和酒下者引經之意也

青娥丸

川萆薢 四两分四分塩水童便米泔清水甜酒各浸一日焙干　胡桃肉一两
杜仲 先研碎姜汁拌炒一两　破故紙 酒浸四两
右為末蜜丸每服三錢空心青塩二分和酒下

煨腎丸

杜仲 先研塩水炒一两
用猪腰子一付切作五七片以椒塩醃去腥水摻末在内荷葉包緊外加厚紙三四層湿水放灰火中煨熟酒下

日再服三四　醫說水煮灭火中煎濃酒下
用青盤七一甘草知母人參以味益髓去顯水煮末丸以荷藥酒黑下

茯苓　先任益末丸一兩

默智丸
右爲末蜜丸梧桐三錢空心青盤二錢味酒下
茯苓　先任美大洋炒二兩　　知母　酒浸四兩
川單蘇　米炒青末酒各曬日乾十　　胎猴肉一兩
青盤以

腎之意也
若相望丸三藥酒治顯令寒氣相滋以丸丸以恬用青盤少指味酒下番
肉和甘藥盦命門火味三熟歸蘇養血川單蘇和甘對平志風黑以固下事
腎之順骨絡少諭令精丸好後辛苦大腸益味大以血皆火去令逆逆服時

腎寒氣庵
不可低氣輕浮低不味也殺茅以青盤以味中甘盦蘇相親丸順頭補
腎寒氣相鐵因代瘋寒非亦由腎精不以代味頭人腎徐下絡顯中令盦

右爲末蜜丸梧桐十一以甘淳發茯一兩
天冬一兩煅爲二兩人參以丸黃味酒各三兩知二兩味盦甘草味大丸
三下悸蘇丸

右爲末蜜丸梧桐三錢空心開水下

煅牡　山藥　茯苓
六味丸
右又且水煎服　當歸　川芎　煅牡　青盤
茯苓　黃柏　　　人參　東然　牛膝

受風腰痛

受風腰痛者。其脉浮。痛無常處。牽引兩足。按脉浮屬風。風善行而數變。故痛無常處。腎為少陰。脉起於足。故痛牽兩足。士材治以牛膝酒。牛膝通經強骨。以療腰痛。熟地填精益髓。以補真陰。羌活入腎搜風。以通督脉。川芎入肝和血。以治筋攣。地骨皮祛無定之風邪。五加皮堅筋骨之虛緩。海桐皮行經絡而達病所。薏苡仁除風濕而益脾元。加甘草通十二經。以和三焦之正氣。酒浸飲服。妙方也。

牛膝酒

牛膝一兩 川芎一兩 羌活一兩 地骨皮一兩 熟地十兩
五加皮一兩 薏仁一兩 甘草一兩 海桐皮二兩

右為粗末絹袋盛入好酒二斗浸十四日每服一杯日三四次令酒氣不絶為佳

感寒腰痛

感寒腰痛者。其脉緊。腰冷如氷。得熱則減。按脉緊為寒。腰冷如氷者。沉寒在裡也。得熱則減者。寒因熱散也。此寒入腎絡。而不在經也。中梓治以姜附湯。附子辛熱。入腎補命門之火。以逐寒。乾姜辛溫通脉。祛陰絡之邪。以除冷。肉桂辛甘大熱。益陽消陰。疏通血脉而療冷痛。杜仲甘溫辛潤。補腎充肝。能強筋骨。而治腰疼。加甘草之甘平者。和藥性以調中。寒去痛除。腰力健矣。兼濕者。加蒼朮。惡寒者。加麻黄活法也。

姜附湯

附子 乾姜 肉桂 杜仲 甘草

右㕮咀水煎服

摩腰膏 并治老人腰痛婦人腰冷白帶

附子尖 烏頭尖 南星各二錢 雄黃一錢半 麝香六分
硃砂 樟腦 丁香各錢半 乾姜一錢

右為末蜜丸元眼大每用一丸生姜汁化開火上烘熱放手心中摩腰中俟藥盡即烘綿衣裹緊腰熱如火間一日用一丸以瘥為度

傷湿腰痛

傷濕腰痛者。其脉緩。身重如負。腰冷如坐水中。天雨更甚。按緩為濕脉。身重如負者。濕滯而経絡不舒也。如坐水中者。湿鬱而陽氣不升也。天雨更甚者。陰邪旺。而助湿為瘧也。此因坐卧湿地。或傷霧露所致。盖腎屬水。湿亦水也。兩水相合。逆而不散。故腰痛也。症名腎着。東垣治以滲濕湯。蒼术辛温。升陽燥湿。白术苦温。益土去湿。茯苓甘淡。滲湿利水。乾姜辛熱。除濕通陽。丁香煖陰益腎。橘草利氣調中。兼風者。獨活寄生湯主之。

滲濕湯

乾姜二两 茯苓二两 白术炒二两 蒼术一两
橘紅三錢 丁香三錢 甘草炙二两

右為末每服四錢水煎服

獨活寄生湯

獨活一錢 桑寄生一錢 杜仲二錢 牛膝一錢 細辛五分
秦艽一錢 茯苓一錢 肉桂一錢 防風一錢 川芎八分
人参錢五 甘草一錢 當歸一錢 白芍一錢 地黄一錢

右㕮咀生姜五片水煎服一方寄生易續断并治屈伸不利筋骨疼痛

傷熱腰痛

熱傷腰痛者。脉洪数。口渴便閉。按脉洪属大。脉数属熱。口渴者。熱邪内鬱。而津液不生也。便閉者。熱邪内伏。而氣道不通也。腎惡燥。傷熱則燥。燥則精竭。或久服壮火之藥。或過着綿艾之衣。熱毒傷腎所致。蘇頌治以甘豆湯。黒豆甘寒。色黒補腎。散熱祛風。活血止痛。甘草甘平。色黄入脾。養陰瀉熱。扶正驅邪。二藥解毒甚捷。熱毒鮮。腰痛自愈。

甘豆湯 并治風熱腰痛

黑豆 二合　甘草 二錢

右二味姜三片水煎服

氣滯腰痛

氣滯腰痛者。腹脹悶。上不能噯。下不能濁。其氣或左或右。俯仰不利。按脹悶者。氣不運動也。不噯濁者。氣不升降也。或左右者。氣不歸源也。俯仰不利者。氣逆而脉絡不舒也。仁齋治以人參順氣散。肺為氣本。人參固肺。脾為肺本。白朮補脾。烏藥上入肺脾。下入腎經。更疏胸腹。川芎上行頭角。下行血海。能助清陽。桔梗開提氣血。陳皮升降陰陽。白芷麻黃。透營衛而通九竅。乾姜甘草。溫經絡而理三焦。氣和則痛止矣。烏藥順氣散主之。

人參順氣散

人參　川芎　白朮　桔梗　白芷

陳皮　麻黃　烏藥　乾姜　甘草

右㕮咀水煎服

烏藥順氣散

白朮 一兩　人參 一兩　甘草 五錢　陳皮 五錢

烏藥 五錢　白芷 五錢　茯苓 五錢　青皮 三錢

右為末每服三錢水煎服

瘀血腰痛

瘀血腰痛者。脉濇。轉動如錐刀刺骨。大便黑。小便或黑或黃。日輕夜重。按脉濇者。血滯也。痛如刀錐刺者。血阻氣逆。経絡不通也。便黑者。大小腸之瘀血外溢也。日輕夜重者。陰氣伏而陽氣不升也。叔微治以調榮活絡飲。白芍熟地和血。川芎當歸活血。牛膝紅花行血。肝為血海。加羌活搜肝以利百節。肺為氣海。加杏仁降肺以利大腸。瘀血不能自消。更加桂枝以通之。大黃以蕩之。瘀去則痛

止矣。黑神散。散痛飲。亦主之。

調榮活絡飲

地黃 酒洗一錢 當歸 二錢 川芎 錢五 紅花 一錢 杏仁 二錢
白芍 酒炒一錢 牛膝 酒洗二錢 羌活 一錢 桂枝 三分 大黃 二錢

右㕮咀水煎服

黑神散

黑豆 炒去皮半升 熟地 四兩 當歸 酒洗四兩 肉桂 四兩
乾姜 炒四兩 白芍 四兩 甘草 炙四兩 蒲黃 四兩

右為末每服二錢童便酒各半盞煎桃仁湯調下

散痛飲

烏藥　延胡索　杜仲　桃仁
牛膝　青皮　紅花　甘草

水煎服加生姜亦可

痰積腰痛

痰積腰痛者何也。痰為五藏之津氣。在肝為淚。在脾為涎。在肺為涕。在心為液。在腎為精。氣順則安於內。氣逆則溢於外。氣變動則為大火。火旺生痰。痰積於腰血脉不通。故作痛也。丹溪治以加味二陳湯。半夏辛滑逐痰。陳皮辛温利痰。茯苓甘淡滲痰。甘草和胃化痰。加南星之辛苦者燥濕除痰。烏附之香苦者降氣行痰。脉大有力者。更加大黃之苦寒者。以通之。此治積痰腰痛之法也。其症善為增減。不可拘執。

加味二陳湯

橘紅　半夏　茯苓　甘草
南星　烏藥　香附

右為㕮咀水煎服

内閃腰痛

閃挫腰痛者。跌撲損傷所致也。盖跌撲則氣血凝滯。損傷則筋骨拘攣。腎氣足者。其痛輕。腎氣虛者。其痛重。濟生治以趂痛散。虎屬金而制木。性能健骨。龜屬金而生水。性能補腎。自然銅續筋散瘀。麒麟竭榮筋活絡。五加皮逐瘀順氣。骨碎補主治折傷。白附子能療血痺。蒼耳子善治拘攣。歸芍和血養陰。乳沒活血定痛。牛膝通脉。肉桂行陽。白芷開竅。天麻疎氣。羌防利節。此治閃挫腰痛之法也。調榮復元湯俱可。

趂痛散

虎脛骨　敗龜板　白芍　當歸　自然銅　天麻
麒麟竭　白附子　牛膝　白芷　蒼耳子　肉桂
五加皮　骨碎補　防風　羌活　乳香　沒藥

右為末每服一錢酒調下

復元通氣散 治一切氣滯及閃挫

大茴香炒二兩　延胡索炒一兩　甘草炙一兩
木香忌火一兩　穿山甲炒二兩　橘紅一兩

右為末每服二錢酒調下黑神散亦可服見前

調榮湯

熟地三錢　當歸三錢　官桂一錢　烏藥錢五　杜仲三錢
紅花一錢　陳皮一錢　白芍酒炒二錢　小茴一錢　延胡索錢二

右㕮咀水煎和酒服一方無烏藥

重墜腰痛

重墜腰痛者。腰間如帶數千錢。起卧不利。步履維艱。按腎氣足者。腰必有力。腎水虧者。腰必軟弱。如帶數千錢。重墜於腰而作痛者。此濕邪內着之故也。丹臺治以祛濕湯。蒼朮辛溫燥濕。澤瀉甘鹹利濕。茯苓甘淡滲濕。木通輕淡利竅。防

巳辛苦通經。黄柏苦辛滋水。故紙辛温補火。杜仲甘温健骨。濕去而重墜亦去矣

祛濕湯

杜仲二錢 破故紙錢五 蒼朮錢五 黄柏一錢

茯苓一錢 澤瀉一錢 防已一錢 木通一錢

右㕮咀姜三片水煎服

婦人腰痛

婦人經水不調。有血凝氣滯腰痛者。此腎虚也。腎為坎卦。水中有火。男子藏精。女子系包。月水雖屬肝經。而寔由腎水以生之也。若氣滯血凝。逆於腰脉。遂作痛也。丹臺治以奇妙丸。熟地甘温滋水。故紙辛温補火。杜仲甘温。強筋健骨。延胡辛苦。調氣和血。芎歸辛温養肝。白芍酸寒定痛。牛膝苦酸通脉。木香辛苦去滯。桃仁苦以破瘀。肉桂熱以行氣。甘草甘以緩中。良法也。

奇妙丸

當歸 白芍 杜仲 木香 延胡索 肉桂

牛膝 甘草 桃仁 熟地 破故紙 川芎

右為末蜜丸每服三錢空心酒下

男子腰痛

男子色慾過度。有水虧火衰。腰痛者。此腎将憊也。按兩腎屬水。中為命門。內藏真火。乃生人之根本。水火相濟。則筋骨強。水火兩虧。則氣血敗而腰痛矣。景岳治以無比養真丸。熟地滋水益髓。蓯蓉補火填精。巴戟養血強陰。兎絲助陽固氣。山萸安五藏而通九竅。赤脂収虚脫而濟下焦。五味子歛肺以滋化源。淮牛膝益腎以堅筋骨。山藥濟精補命門。茯神定魄安魂。澤瀉去膀胱之濁。杜仲充肝腎之虚。妙方也。

無比養真丸 水火双補

熟地二両 山萸二両 茯神二両 山藥三両 五味子六両 肉蓯蓉洗晒干四両

兎絲子酒炒三两 牛膝酒炒二两 杜仲姜炒三两 澤瀉二两 巴戟去心二两 赤石脂煅二两
右為末蜜丸每服三錢酒下

補陰丸 補水

亀板酒炙各 黃柏酒炒各 知母一两 側柏葉五錢 枸杞子二两
五味子各 杜仲一两 砂仁五錢 甘草各五錢 大熟地三两
右為末猪脊髓和熟地擣膏為丸每服三錢淡塩湯下

白濁腰痛

腰痛而小便白濁者何也。蓋精竅與溺竅相隣。精竅通腎。溺竅通膀胱。精與溺之内竅雖分。而同出於腎莖之外竅。若腎虛而精不固。膀胱虛而液不化。元氣虧損。則清濁不分。遂白物如漿。下流不止而腰痛矣。東垣治以加味補中益氣湯。參芪白朮。益陽補氣。白芍當歸。斂陰養血。柴胡升麻。昇下陷之真元。甘草陳皮。調中焦之厚土。加杜仲牛膝。健骨強筋。黃柏知母。益陰滋水。腎氣足。則白濁止。腰痛自愈矣。

加味補中益氣湯

人參 黃芪 白朮 白芍 當歸 柴胡 升麻
杜仲 牛膝 黃柏 知母 甘草 陳皮
右㕮咀水煎服

脊背筋痛

脊背筋痛者何也。此寒入血分也。考腎屬水而主骨。肝藏血而主筋。血榮筋而潤骨。經云肝腎同歸一治。乃乙癸同源之意也。且腎與膀胱為表裡。小腸膀胱屬太陽。其經與腎脉貫脊。若寒邪乘虛入於血分。故筋攣急而背脊作痛也。王案治以桂附湯。桂附辛熱。補命門之真火。以逐寒。生地甘溫。滋腎中之真水。以固氣。芎歸辛溫養血。瓜芍酸苦舒筋。寒散血和。筋痛止而脊骨和矣。

桂附湯

製附子一錢 肉桂一錢 川芎酒洗錢五 木瓜錢二
生地二錢 當歸三錢 白芍酒洗錢五
右㕮咀水煎服

脊背痠痛

脊背乃腎脉所貫。屬太陽經。其所以痠痛者。因寒濕為患也。濕係陰邪。最傷經絡。膀胱壬水。最易受寒。若寒濕襲於筋脉。令陽氣欲行不行。不能升達。故痠且痛矣。潔古治以散濕飲。官桂辛甘。行陽逐寒。白术苦溫。強脾培土。蒼术辛烈。燥胃去濕。防風辛溫。去風勝濕。防已辛苦。通經除濕。茯苓甘淡。利竅滲濕。加天麻利血脉而強筋。當歸養陰血而療痛。酒煎和服。濕去痠除。脊痛愈矣。

散濕飲

白术 蒼术 防已 防風
茯苓 當歸 官桂 天麻

水煎酒和服

脊骨冷痛

背為陽而腹為陰。臟腑系於背。腎脉貫於脊。而陽氣亦行於背。背之脊骨。乃生人之天柱也。骨髓充足。則強健有力。骨髓空虛。則冷痛痠疼矣。即內經所謂胗中清者爭。藏器治以虎兔丸。虎骨辛熱。強筋健骨。兔絲甘辛。補益精氣。故紙苦辛。助附子之大熱者。以補火。麦冬甘寒。協天冬之甘苦者。以滋水。杜仲甘溫。固腎。木香辛苦。利脉。香附辛平。以通經絡。延胡温苦。以調氣血。研末而用猪脊髓和蜜酒為丸服者。其借物補人之意歟。

虎兔丸

虎脊骨羊酥炙刃 兔絲子酒煮刃 延胡索炒刃各半 破故紙核桃油炒刃半 杜仲鹽水炒刃
廣木香一兩 製附子一兩 天門冬去心刃各半 麦門冬去心刃各半 香附醋炒刃
右為末雄猪脊髓中条同煉蜜和酒搗丸每服三錢空心開水下亦可

肩背痰痛

背痛而牽肩痛。其脉沉滑者。此痰痛也。脉沉為氣。脉滑為痰。痰因氣滯。氣因痰阻。凝於經絡。逆於血脉。遂肩背牽痛矣。隐君治以豁痰湯。半夏逐痰。香附開鬱。陳皮利氣。川芎活血。白芍和陰。痰因火動。故用山梔以清之。痰因濕滯。故用蒼术以燥之。加海桐皮行經活絡。片薑黄通氣破血。甘草調中益土。桔梗載藥上浮。此治痰痛之法也。

豁痰湯

半夏　山梔炒　陳皮　蒼术　香附　桔梗

川芎　甘草　薑黄　桐皮　白芍　生姜

右㕮咀水煎服

肩背風濕痛

肩背作痛。不可回顧。其脉浮濡者。此風湿也。脉浮為風。脉濡為濕。風湿入於足太陽。則痛在腰脊。風湿入於手太陰。則痛在肩背。其所以痛者。以氣鬱而脉絡不通也。局方治以羌活勝湿湯。羌活辛温散太陽之風。防風辛甘散太陰之風。藁本辛温而治脊強。獨活辛苦而除湿痺。蔓荆苦辛利竅通関。川芎温辛開鬱活血。甘草甘平。助諸藥辛甘發散為陽。亦發中有補之義也。

羌活勝湿湯

羌活　獨活　川芎　甘草

藁本　防風　蔓荆子

水煎服如腰沉痛加防已如有寒加附子

背心冷痛

背為手太陰部分。氣盛則痛。氣虚亦痛。手太陽小腸之脉。其支者。循肩膊。挟脊内。若背心一片冷痛。着而不移者。乃痰飲氣滞也。皆由汗去濕冷所致。病机治以導痰湯。痰因氣滞。氣順則痰自降。故以橘紅木香利氣。痰由湿生。湿去則痰

自消。故以半夏胆星燥濕。加香附開鬱。桔梗利膈。苓草和中。共成化痰行滯之功。如不已。三合湯主之

導痰湯

半夏 橘紅 茯苓 甘草
木香 胆星 香附 桔梗
水煎服一方有枳殼

三合湯

橘紅 半夏 茯苓 甘草 烏藥
香附 蒼朮 羗活 乾姜 麻黄
蘇葉 川芎 白芷 桔梗 殭蚕
薑一片棗二枚水煎服

肩背風熱痛

肩背風熱痛者。其症小便数少。汗出悪風。按小便数少者。熱蓄膀胱也。汗出悪風者。風入小腸也。此太陽經之風熱乗肺。而肺氣鬱甚也。宜瀉風熱為主。雲林治以通氣防風湯。羗防藁本。辛溫捜風。陳皮青皮。辛苦利氣。参芪補正祛邪。升柴升清降濁。白蔻散滞舒肺。黄柏瀉火滋腎。加甘草和胃益脾。亦且助諸藥之辛甘發散為陽也。氣虚去黄柏加桂枝。

通氣防風湯

防風 羗活 陳皮 人参 甘草 藁本
青皮 白蔻 黄柏 柴胡 升麻 黄芪
右㕮咀水煎服

肩背熱痛

肩背熱痛者何也。即素問所云。歳火太過。少陰司天。金為火賊之病也。此由腎水不足。肺金氣虚。金不生水。而水中之火。循腎脉貫脊。又為歳氣所感。逆於経

脉。故熱痛也。濟生治以二冬湯。天冬清金降火。益真水之上源。麦冬益肺清心
瀉邪熱而下降。知母潤腎燥以補陰。地黄滋腎水以制火。當歸養肝。黄芩清肺
加甘草桔梗者。不但開提氣血。亦且載藥上浮。使肺氣清。而濁熱自下行也。

二冬湯

天冬　地黄　麥冬　知母
當歸　黄芩　甘草　桔梗

右㕮咀水煎服

肩背強直痛

肩背強直痛者有二。一曰風熱。一曰濕熱。考腎脉貫脊。而小腸膀胱屬太陽。其
經上行身背。若風湿熱。客於太陽之經絡。令氣血不通。遂強直作痛矣。辨疑治
風熱。以提肩散。羌防藁本搜風。白芍川芎活脉。芩連瀉熱。甘草緩痛。此治風熱
之法也。若云濕熱。又治以當歸拈痛湯。羌防透関散湿。蒼白健脾燥湿。湿熱相
聚。參芩茵母泄之。氣血不行。當歸辛温散之。湿宜利水。猪苓澤瀉導之。引藥上
行。升麻葛根發之。此治湿熱之法也。風熱脉浮數。湿熱脉濡数。臨症其明辨乎。

提肩散

防風　羌活　藁本　川芎　白芍酒炒
黄連酒炒　甘草　黄芩　生薑

水煎服氣虚加人參汗多加黄芪血虚加當歸生地湿加防已

當歸拈痛湯

當歸酒洗　茵陳酒炒　羌活　防風　升麻
葛根　蒼朮炒　白朮炒　甘草炙　猪苓
澤瀉　黄芩酒炒　苦參酒炒　知母酒炒

水煎空心服一方有人參

肩背腎逆痛

腎氣逆上。痛引肩背者何也。考督脉行身之背。合腎脉貫脊。又與太陽少陰相合而行。若腎受寒邪。寒氣循経上逆。故肩背引痛矣。経曰。督脉為病。脊強反折者此也。景岳治以桂香煎。肉桂辛甘。補命門之真火以消陰。沉香辛温。煖丹田之元氣以助陽。川椒辛熱下行。能治腎氣上逆。茴香辛熱逐冷。能除腎氣寒邪。茯苓甘淡。下走膀胱。牛膝酸平。下通腰腎。加青塩者。不但鹹能潤下。亦且和諸藥之燥也。寒去逆平。痛即止矣。

桂香煎

肉桂　沉香　小茴　川椒　茯苓　牛膝

水和青塩少許煎服

禦寒膏 治虚人背悪風或夏月怕寒婦人産後被冷凡吹経络冷痛至骨痛一切腰痛冷痺湿氣

生姜 分取汁　牛膠 三刃　乳香 三錢　没藥 三錢

右入鍋内煎化傾滚水内以柳條攪至成膏加花椒末少許再攪匀用

油紙攤膏藥貼患處以不痛為度

肩背胛縫痛

肩背胛縫。有一線痛起。上跨肩。至胸前側脇。其痛日夜不止。其脉弦数者何也。按弦為肝脉。数為火邪。胛縫屬小腸經。胸脇屬胆經。此必思慮傷心。心臟未病而腑先病。故痛從背胛起。慮不能決。又歸於胆。故痛至胸脇。止此小腸火乘胆木。子来乘母。是為實邪作痛矣。法宜瀉火平肝。丹溪治以人参木通煎湯下龍薈丸。黄芩清肺火。黄連清心火。黄柏清腎火。大黄清脾胃火。山梔清上焦火。芦薈胆草青黛清肝火。當歸和血。木香行氣。射香通竅。另用人参大補真元。以養心君之主。木通開関利節。以通血脉之樞。煎湯下芦薈丸者。以主明則下安也。

當歸龍薈丸

當歸 酒洗刃　龍胆草 酒炒刃　山梔 炒刃　黄連 炒刃

黄柏 炒刃　射香 五分　黄芩 炒刃　青黛 五錢

蘆薈五錢 木香二錢 大黃酒浸五錢

研末蜜丸每服三錢人參四錢木通二錢煎湯送下

手臂濕痰痛

三陰三陽之脉。皆行於臂。若臂有濕痰。則未有不痛者。盖濕為水氣。痰由濕生。痰濕橫於經絡。則氣逆不行。而陰陽之脉亦滯矣。法宜化痰去濕為主。準繩治以二朮湯。蒼朮白朮。辛苦燥濕。南星半夏。溫苦除痰。茯苓甘淡滲濕。甘草甘美和中。香附辛平散鬱。陳皮辛苦利氣。靈仙味鹹而宣五臟。羌活性辛而通百節。加酒炒黃芩之苦寒者。以濕能生熱。熱始生痰。用以清絡中之滯也。如不已。茯苓丸主之。

二朮湯

蒼朮炒一錢五 白朮炒一錢 南星製一錢 半夏製一錢 陳皮一錢 茯苓一錢 威靈仙一錢 香附一錢 黃芩酒炒一錢 羌活一錢 甘草一錢 生姜三片

水煎服一方有片姜黃一錢

茯苓丸 治臂痛如神準繩方

赤苓 防風 細辛 白朮 澤瀉 官桂各五錢

紫菀 附子製 黃芪 白芍 甘草炙各一錢 山萸肉

生地 牛膝 山芋 獨活 半夏製酒炒 瓜蔞根各二錢

共研末蜜丸每服十丸溫酒下

手臂寒痛

寒為陰邪。最傷經絡。臂以作事。最易受寒。或睡後手出被外。或洗浣手下冷水。寒邪客於血脉。氣道凝滯。遂作痛也。局方治以五積散。麻黃桂枝。解表散寒。甘草白芍。和裡止痛。蒼朮厚朴。平胃土而散腫。陳皮半夏。行逆氣而除邪。芎歸姜芷。入血分而祛寒濕。香附桔梗。開鬱結而通脉絡。茯苓澤瀉。滲寒濕而益心神。此陰陽表裡之通劑也。準繩云。凡風寒濕。致臂腫痛者。皆可用五積散。及烏藥

順氣散。臂因濕痛者。蠲痺湯。舒筋湯主之。

五積散

桂枝　乾姜　麻黄　半夏　香附
蒼朮　桔梗　茯苓　白芍　川芎
當歸　厚朴　陳皮　白芷　甘草

葱二枚姜三片水煎服有汗去葱姜蒼朮麻黄氣虛加人参白朮肢冷虛汗加附子胃寒加煨姜腹痛加吳茱萸本方合人参敗毒散名五積交加散治寒濕身体重痛腰脚酸疼并治兩臂冷痛

烏藥順氣散

烏藥　橘紅　麻黄　川芎　白芷
桔梗　香附　殭蚕　炮姜　甘草

葱一支姜三片水煎服虛汗去麻黄加黄芪手足不能舉動加防風續断威靈仙拘攣加木瓜脚氣加牛膝五加皮獨活

蠲痺湯 治風痺臂因濕痛神效舒筋湯治氣血凝滞神效加減本方內

黄芪炒　當歸酒洗　赤芍酒炒　防風　甘草炙
羌活　片姜黄酒炒生姜　大棗

水煎服去黄芪加白朮海桐皮名舒筋湯治臂痛不舉血凝氣滞

手臂筋痛

肝主筋。腎主骨。筋賴血以滋養。血榮筋而運動。氣導血以流行。骨附筋而有加若勞傷挈重。筋骨受傷。令血滞不行。氣逆不通。則腫且痛矣。此亦由氣血不足之故也。易老治以加味八珍湯。参苓朮草。補氣生血。芎歸芍地。補血養筋。加官桂之辛甘者。導脉活絡。延胡之辛苦者。調氣和血。木瓜之香酸者。利骨舒筋。更加片薑黄之苦辛者。理血中之氣。引諸藥入臂以治痛也。如閃挫臂筋痛者。又當用趂痛散主之。

加味八珍丸

人参　白术　茯苓　甘草　川芎　延胡索

當歸　白芍　熟地　木瓜　官桂　片姜黄

共研末蜜丸每服三錢酒下煎劑亦可

趂痛散

虎骨　乳香　沒藥　延胡索　五加皮

桂枝　當歸　桂枝　骨碎補　生香附

水煎酒和服

手臂軟牽引肩背胯膝痛

丹溪云。肝主肩背與臂膊。腎主腰胯與脚膝。二臟偏虛。則随其所主而病焉。若臂軟無力。牽引肩背。及腰膝作痛者。此肝腎精衰。風邪客於营衛。氣血不能周養。百骸四体所致也。仲陽治以六味地黄湯。熟地甘温。滋水生木。山萸酸濇。安臟益精。丹皮辛以和血。山藥甘以固氣。茯苓温淡。助陽而滋化源。澤瀉鹹甘降濁而升清。肝腎充則筋骨壯。氣血足則客邪觧。而諸痛自平矣。黄芪湯亦主之

六味地黄湯

熟地　山萸　山藥　丹皮　茯苓　澤瀉

右㕮咀水煎服

黄芪湯

黄芪炒　當歸酒洗　桂枝　甘草　丹参

白术炒　熟地　杜仲姜炒　薑黄酒炒

右㕮咀水煎服

兩臂引腿膝痛

兩臂麻木。痛引腿膝。體軟頭暈。口歪語澁。痰湧涎流。身如虫行痒起白屑者何也。按臂麻。體軟。脾虛也。痰涎自出。脾湿也。口歪語澁。脾氣不運也。頭暈昏重。脾

氣不升也。痒起白屑。脾氣不榮也。立齋治以加味補中益氣湯。參芪白朮。補脾益肺。柴胡升麻。降濁升清。陳皮調滯。當歸養血。甘草和中。加半夏逐痰。茯苓滲濕。神曲舒氣。脾土強則萬物資生。百骸俱暢矣。所謂治病。必求其本者此也。

加味補中益氣湯

人參　黃芪　白朮　當歸　陳皮

甘草　柴胡　升麻　茯苓　半夏

水煎服一月即愈

脉候 腰痛

大為腎虛　濇為瘀血　緩為寒濕　滑伏為痰

尺沉腰背痛　尺沉為滯　尺弦為虛　沉弦緊為寒

沉弦浮為風　沉弦濇細為濕　沉弦實為閃挫

脉候

洪為熱　大為風　促上擊者肩背痛

沉滑背膂痰痛　臂痛脉血上同

脇痛論

經云。東方生風。風生木。木生酸。酸生肝。在天為風。在地為木。在體為筋。在臟為肝。在志為怒。所藏者血。外應乎脇。或因瘀血凝滯。或因怒氣橫逆。遂相搏而為痛矣。考瘀血痛者。痛而不膨。按之固痛。不按亦痛。怒氣痛者。痛而且膨。得噯則緩。已而復痛。此氣血之辨也。而又有左右之分。左右者。陰陽之道路。肝氣行於左。肺氣行於右。左脇痛者。屬火盛血實。肝邪之本病也。右脇痛者。屬痰注食積肝移病於肺也。左右脇痛者。其痰飲乎。金匱云。飲後水流脇下。咳唾引痛。謂之懸飲是也。更有季脇痛者。即肝之下。胆之位。肋之稍處也。脉經云。肝脉搏堅長。當病脇痛。又云。槃氣者。脇下痛。經云肝病者。兩脇痛引少腹。脉經云。脉雙弦者。肝氣有餘。兩脇脹痛。由此觀之。脇痛為肝痛無疑矣。其間六淫七情飲食勞動不皆足以致脇痛乎。又不可以左脇主血。右脇主痰與氣。為定局也。臨症者。其慎思明辨歟。

脇痛

脇痛屬肝邪橫逆。逆故痛。痛不止即死矣。治脇痛者。必須平肝。平肝必須補腎。腎水足則肝和。其氣自平。其邪自退。邪者。痰火也。準繩治以生木飲。熟地甘溫滋水以榮肝木。白芍酸寒。和血以抑逆氣。當歸辛苦養陰。梔子苦寒瀉火。山萸温肝腎而通九竅。甘草調經絡而緩逆痛。肝血調。則逆氣順。脇痛愈矣。此益腎滋肝之良劑也。加減在人。其運用乎。

生木飲

熟地一兩 白芍酒炒二兩 當歸酒洗二兩 山梔炒二錢 山萸肉五錢 甘草三錢

水煎服一方加枸杞延胡索

受熱脇痛

受熱脇痛者。其症皮膚片紅如碗大。且發水泡瘡。三五點。日輕夜重。脉弦數。按弦為肝脉。数為熱邪。皮膚色紅瘡泡者。熱浮於外也。脇痛日輕夜重者。熱逆於

内也。此因受熱過勞。性情暴躁所致也。黄古潭治以瓜蔞飲。瓜蔞甘寒。蕩滌胸中鬱熱。清上焦之大而下降。甘草甘平。和鮮肌膚邪熱。益三焦之氣而通經。紅花辛苦。能散脉凝絡滯。活肝經之血而化瘀。内熱除。則外熱鮮。肝血調。則脇痛止矣。倘妄投凉散。亂用辛温。鮮有不斃者。

瓜蔞飲

大瓜蔞一枚重一兩連皮搗爛　甘草二錢　紅花五分

右㕮咀水煎服

積勞脇痛

積勞脇痛者。遇勞即發。清晨饑餓尤甚。蓋勞則傷肺而傷腎。積勞則氣血兩虚矣。此肺金不能生腎水。而腎水又不能生肝木。肝失其養。故作痛矣。清晨并飢餓痛甚者。以脾胃空虚。土不旺金。金不制木也。宇泰治以黄芪湯。參芪白术補氣。芎歸生地補血。山萸棗仁。益腎温肝。并能安臟。柏子木瓜。養心和胃。亦且榮筋。加牛膝通脉。細辛利竅。桃仁破滯。令真元足。而五臟和。肝氣平。而脇痛愈。此虚則補其子母之法也。豈可妄行破氣哉。

黄芪湯

黄芪二錢　人參錢五　白术錢五　川芎一錢　當歸錢五
生地三錢　山萸二錢　棗仁炒二錢　柏子仁錢五　牛膝一錢
木瓜一錢　細辛三分　桃仁五分

水煎服一方無細辛有石斛為丸常服更妙

怒氣脇痛

肝為将軍之官。謀慮出焉。在志為怒。怒則氣逆。逆則滯。滯則痛。所謂通則不痛。痛則不通者是也。王案治以抑肝定痛飲。當歸辛温養血。白芍酸寒收逆。柴胡寒苦散結。能引肝氣上升。青皮苦辛開鬱。能使肝氣下行。橘紅辛温而宣五臟。木香辛苦而利三焦。枳殼酸寒導滯。沉香温苦調中。加官桂甘草之辛甘者。抑

抑肝風而扶脾土。不但疏通血脉。盖以肝屬木。木得桂而枯也。肝平氣順。痛自平矣。

抑肝定痛飲

當歸酒洗二錢 白芍酒炒三錢 甘草一錢 官桂一錢 沉香五分
柴胡一錢 青皮炒一錢 木香五分 橘紅五分 枳殼炒焦五分

右㕮咀水煎服

血瘀腸痛

肝屬厥陰。臟為血海。血隨氣走。氣載血行。血和則順。血逆則瘀。其所(血之)以瘀者。或跌撲。或鬪毆。或閃挫。致令血凝氣滯。着結不移。瘀於腸而作痛矣。丹臺治以疎肝散瘀湯。紅花辛苦。活脉通經。當歸辛温。養陰利絡。白芍酸寒。以散惡血。蘇木辛甘以化結瘀。山查酸以行血中之氣。烏藥辛以行氣中之血。青皮辛苦而降肝邪。柴胡寒苦而升肝氣。桂枝辛甘導脉。甘草甘潤調中。瘀散而痛平矣。若死血瘀痛者。桃仁湯下之。

疎肝散瘀湯

當歸 紅花 蘇木 青皮 柴胡
山查 白芍 烏藥 桂枝 甘草

水煎服 一方有延胡索無烏藥用小柴胡合芎歸桃仁紅花乳香沒藥亦妙

桃仁湯

桃仁 大黃 芒硝 甘草 桂枝
鱉甲 青皮 柴胡 川芎 當歸

右㕮咀水煎服

痰凝腸痛

痰本五臟之津液。因火動而變為痰。火即氣也。痰即水也。水為火爍。故為痰也。

肝屬木也。木生火也。旺火痰結。経脉不通。遂兩脇脹痛。夜不能卧矣。脇脹者。肝氣横逆也。不卧者。肝䰟不藏也。其痰凝所致乎。對徵治以舒肝飲。白芥子辛温而去脇痰。龍胆草苦寒而清肝火。青皮辛苦降氣。柴胡味薄升陽。橘紅温以觧結。烏藥辛以通脉。竹瀝甘以和経。火散痰消。脹痛自愈。如湿痰流注者。加二陳湯。痰飲停伏。脉沉弦滑者。導痰湯。

舒肝飲

白芥子錢五 龍胆草酒炒一錢 橘紅一錢 竹瀝一錢

烏藥錢五 青皮錢五 柴胡錢二

姜三片水煎服

加味二陳湯

橘紅 半夏 茯苓 甘草

南星 蒼朮炒 川芎

水煎服一方有黄芩柴胡

導痰湯

橘紅 半夏 茯苓 甘草

南星 枳殼 白芥子

右㕮咀水煎服

火鬱脇痛

火鬱脇痛者。兩脇痛引少腹。咳嗽不止。按肝屬木。木能生火。火性上炎。若遇鬱焉。則横逆作痛矣。兩脇少腹。皆肝胆経之所循也。咳嗽不止者。肝移熱於肺。木扣金鳴之象也。宜明治以當歸龍薈丸。肝為生火之本。以胆草青黛芦薈之苦寒。氣膘者。直入肝経而折之。更以大黄芩連梔柏。通平上下三焦之火。恐苦寒太過。加當歸之辛温者和血。木香射香之芳香者通竅。此治脇痛火甚之重剤也。輕者瀉肝湯主之。脇痛而吐酸緑水者。左金丸為妙。

當歸龍薈丸

當歸酒洗刃 胆草酒炒刃 梔子炒刃 黃連炒刃 黃柏炒刃 射香五分
黃芩炒刃 大黃酒浸五錢 蘆薈五錢 木香二錢 青黛水飛五錢

研末蜜丸姜湯下

龍胆瀉肝湯

龍胆草酒炒 黃芩炒 梔子酒炒 澤瀉 木通
車前子 當歸酒洗 生地酒炒 柴胡 甘草

右㕮咀水煎服

左金丸

黃連姜汁炒六两 吳茱萸鹽水泡刃

研末水丸每服五分或一錢開水下姜湯下亦可

寒滯脇痛

仲景云。脇下偏痛發熱。其脉弦緊者寒也。以温藥下之。按脇者。肝部也。脇下偏痛而發熱者。肝實也。經云。木實則痛是也。脉弦屬肝。脉緊屬寒。緊為裡實。此肝氣實脾氣鬱。中氣寒。法宜土中瀉木而温泄之。仲景治以大黃附子湯。大黃苦寒。走而不守。用以下肝藏之實邪。附子辛熱。浮而不沉。用以温中焦之寒氣加細辛之辛温者。入肝胆以通經。利絡竅以散熱。是方也。實者下以大黃。寒者温以附子。熱者散以細辛。寒熱互用。表裡兼施。非作聖不能達此。

大黃附子湯

大黃錢五 附子炮錢五 細辛一錢

右三味白水煎服後如人行四五里時候再進一服

食積脇痛

食積脇痛者。脇下扛起一條是也。按食積在胃。理應胃痛。反在脇下痛者何也。東垣云。飲食填於太陰脾經。肝氣不能疏達。既不能升。又不能降。遂橫逆扛起

於脇下而作痛矣。丹溪治以保和丸。山查酸温以消油膩。神曲辛温以除陳腐。萊菔辛甘下氣。麦芽醎温消穀積。必兼温。茯苓淡以滲之。積久生熱。連翹苦以瀉之。半夏辛温和胃。陳皮辛苦調中。食積散則肝氣舒。脇痛止矣。芎草湯亦主之。

保和丸

山查炒三兩 神曲炒一兩 茯苓一兩 半夏製一兩
陳皮五錢 萊菔子炒五錢 連翹五錢 麦芽炒一兩
研末水丸每服三錢開水下

芎草湯

白芍酒炒三錢 甘草六分 茯苓錢五 官桂錢五
吳茱萸六分 陳皮一錢 麦芽炒三錢 山查炒二錢
水煎湯服

肝虚脇痛

肝虚者。視物不明。兩脇脹滿。痛引小腹。筋脉拘急。面色青。按目屬肝。肝虚。則目光昏暗而不明。肝主筋。肝虚。則血不榮筋而拘急。肝屬木。其色青。面青者。肝之本色也。肝主怒。其性燥。兩脇脹滿者。肝氣不固也。肝通腎。脉循腹。痛引小腹者。肝氣横逆也。肯堂治以補肝散。熟地滋水生木。當歸養血和肝。山萸肉濇精固氣。五味子明目生津。木瓜舒筋利骨。山藥益腎強陰。黄芪補温三焦。棗仁酸收五液。白朮能調氣血。川芎能助清陽。獨活能通關節。此補肝即所以止痛也。

補肝散

熟地一兩 當歸一兩 山萸肉一兩 五味子一兩 木瓜一兩 川芎五錢
獨活五錢 山藥一兩 黄芪一兩 棗仁炒一兩 白朮一兩
研末每服三錢水調下

補肝湯

山萸 甘草 茯苓 桂心 防風

桃仁　細辛　大棗　柏子仁

水煎服治肝虛

房勞腸痛

房勞腸痛。若胸膈間亦隱〻微痛。此腎虛不能約氣。氣虛不能生血之故也。蓋腎水能生肝木。腎虧則肝燥。肝燥則氣血不暢。壅滯三焦。遂腸痛而胸膈亦不利矣。壽世治以加味地黃湯。熟地甘以補腎。山萸酸以溫肝。山藥甘淡強陰。澤瀉甘鹹利濁。柴胡輕苦升清。歸皮辛甘和血。茯苓溫甘益氣。人參大補真元。良法也。若作尋常腸痛治之。則大謬矣。人參養榮湯亦主之。臨症審治為要。不可泥也。

加味地黃湯

熟地　山萸　茯苓　丹皮　山藥

澤瀉　柴胡　當歸　人參

右㕮咀水煎服

人參養榮湯

人參　黃芪　熟地　當歸　甘草　白芍酒炒

茯苓　廣皮　遠志炒　桂枝　五味子

水煎服一方有白朮

左腸痛

肝有七葉。左三右四。灊布於腹。臟名血海。其氣行於左。或因悶怒鬱結。或因跌撲受傷。以致血凝氣逆。脉不流行。遂刺痛於腸左而不可忍矣。醫林治以枳芎散。枳實酸苦。以破氣血之滯。川芎辛溫。以散氣血之瘀。甘草甘平。以緩氣血之逆。如不已。用柴胡暢肝。川芎和肝。白芍斂肝。甘草緩肝。枳殼行氣。陳皮利氣。香附調氣。名柴胡踈肝散。此治左腸痛之法也。

枳芎散

枳實炒五錢 川芎五錢 炙甘草二錢

研末每服二錢姜湯下酒下亦可

柴胡踈肝散

柴胡二錢 陳皮醋炒二錢 川芎錢五 香附錢五

枳殼炒錢五 炙甘草五分 白芍酒炒錢五

研末每服二錢姜湯下

右脇痛

丹溪云。右脇痛者。脹滿不食。此肝邪入肺也。按肝氣行於左。肺氣行於右。肺與大腸為表裡。食積大腸。肺氣不能通調水道。金不制木。而肝木侮其所勝。其邪乘入肺經。故脹滿而痛在右脇矣。醫林治以推氣散。肉桂辛熱平肝。枳殼酸寒行氣。姜黃辛苦而理血中之氣。甘草甘平而調氣中之血。更加半夏之辛温者。降逆開鬱而通陰陽。陳皮之辛苦者。調中快氣而消脹滿。此治右脇痛之法也。如有痰者。二陳湯主之。

推氣散

肉桂五錢 枳殼炒五錢 姜黃五錢 陳皮三錢 炙甘草二錢 製半夏五錢

研末每服三錢姜湯下酒下亦可

二陳湯

橘紅 半夏 茯苓 甘草 水煎服

左右兩脇痛

左右脇痛者。此肝火盛而木氣實也。左右者。陰陽之道路。左屬肝血。外陽而內陰也。右屬肺氣。外陰而內陽也。或痰滞流注於左。或火邪移入於右。兩相搏擊。故左右兩脇俱痛矣。其皆肝火之氣實乎。雲林治以柴胡芎歸湯。柴胡味薄。升肝氣於上。青皮味苦。降肝氣於下。芎歸辛温和血。白芍酸苦斂陰。胆草苦寒瀉火。木香辛苦宣陽。香附辛平而通經絡。砂仁香竄而行滞結。枳殼酸寒利氣。甘

草甘美緩中。氣順則大降。大降而左右俱暢矣。

柴胡芎歸湯

柴胡　川芎　白芍酒炒　青皮　香附　枳殼

當歸　胆草酒炒　木香　甘草　砂仁

薑一片水煎服

驚傷脇痛

驚則氣亂。亂則氣逆。逆則血滯。血滯則肝脉不舒。而脇痛者。以肝主血也。血隨氣阻也。所謂驚氣傷肝。而脇痛也。準繩治以桂枝散。桂枝辛甘。通經導脉。能治脇風而和肝木。枳殼苦酸。行滯瀉痞。能解脹滿而通諸氣。加姜枣以調榮衛。令氣血和平。則脇痛自痊矣。不治驚而但治氣者。以脇因驚痛。治痛即所以治驚也。其急則治標之義歟。

桂枝散

桂枝二兩　枳殼四兩

研末每服二錢姜枣湯調下

氣喘脇痛

肺主氣。氣喘者。肺氣不降也。氣喘而脇痛者。因肺氣不降。而大腸之氣亦不順也。此臟病牽引腑病。皆由外感客邪所致。其痛多在右脇。法宜平氣為主。士材治以分氣紫蘇飲。紫蘇辛香。袪風定喘。桑皮甘寒。下氣消痰。五味酸溫斂肺。桔梗辛苦瀉熱。草菓辛能開鬱。茯苓淡以滲湿。陳皮苦且利氣。甘草甘可和中。客邪解。痰熱除。則氣喘平。脇痛止矣。不治脇痛而治喘者。此治本之法也。虛者参芪飲亦妙。

分氣紫蘇飲

蘇葉　桑皮　五味　桔梗

草菓　茯苓　甘草　陳皮

姜一片水煎服一方有枳殼

參芪飲 治氣虛喘嗽自汗牽引脇痛神效

人參一錢黃芪錢五白朮炒一錢棗仁炒三錢
茯苓一錢陳皮三分桑皮五分甘草炙三分

㕮咀水煎服

氣虛脇痛

氣虛脇痛其症惡寒發熱者何也寒為陰熱為陽裡為陰表為陽此客邪於半表半裡之少陽經陰陽相爭之象也考少陽胆脉行於兩脇氣虛受邪故如此也東垣治以加味補中益氣湯參芪白朮甘溫補氣當歸甘草辛甘養血陳皮辛苦宣陽升柴辛苦升清加黃芩之苦寒者以退腠理之熱青皮木香之辛溫者以疎胆絡之邪令真元足而客感消表裡和而脇痛自平矣

加味補中益氣湯

人參一錢黃芪一錢白朮一錢當歸一錢陳皮一錢甘草五分
柴胡錢五升麻五分黃芩一錢青皮八分木香五分

姜一片棗二枚水煎服

虛冷脇痛

虛冷脇痛者脉沉肢厥或嘔或利按虛者脾虛也冷者寒氣也寒徹於外則肢厥寒逆於內則嘔利脉沉者寒邪在裡也皆由身受寒邪口食寒物脾元不運胃土不鎔陰邪横逆於中冷氣下流於脇故痛無休止矣仲景治以理中湯人參補氣益脾白朮健脾燥濕甘草和中培土乾姜溫胃散寒理中焦之虛冷即以止在下之脇痛也如不已加附子直走上下以溫之

理中湯

人參 白朮炒 甘草炙 乾姜 附子製

右㕮咀水煎服

勞役怒氣脇痛

勞役之人。因動怒脇痛者。其脉細緊而弦。蓋勞則傷氣。役則傷筋。肺主氣。肝主筋。肝肺兩傷。真元虛矣。氣虛者。最易生怒。而又因外侮觸怒。致金不制木。木反横行。故脇痛也。弦為肝脉。細緊者。氣弱不舒之象也。窃齋治以加味八珍湯。參苓朮草補肺。芎歸芍地養肝。加木香辛苦而利三焦。肉桂辛甘而導百脉。青皮辛苦而踈肝。肺肝補瀉兼施。亦固正驅邪之法也。

加味八珍湯

人參　茯苓　白朮　甘草　川芎　當歸

白芍　熟地　肉桂　木香　青皮

右㕮咀水煎服

胃脘牽脇痛

胃脘牽脇痛者何也。此憂思忿怒。素蓄於中所致也。蓋憂思則傷脾。忿怒則傷肝。思則氣結。結則脾土之脉不舒。故痛在胃脘。怒則血滞。滞則肝木之脉不行。故痛在脇下。土不健運。木不條達。上下牽引故如此也。窃齋治以逡和飲。蒼朮甘温。益脾陰而升胃陽。青皮苦辛。通胆氣而踈肝血。香附辛平以鮮六鬱。木香温苦以利三焦。川芎辛温。潤燥並療脇痛。茱萸辛熱。温中且治脘疼。加黄連苦寒瀉火。甘草甘美調元和劑也。此病婦人多有之。

逡和飲

蒼朮　青皮　香附　木香

川芎　茱萸　黄連　甘艸

右㕮咀水煎服

口苦脇脹痛

炎上作苦。口苦者胆火也。脹痛者。肝火也。肝與胆相為表裡。肝病而胆亦病也。肝胆位居脇下。其火上冲。故口苦而脇脹痛也。揔屬血虛。婦人多有此症。中梓

治以加味四君子湯。人參甘温補肺。白朮甘苦益脾。茯苓甘以助陽。甘草甘以和中。此補氣生血之法也。加白芍酸寒而収逆氣。當歸辛温而養陰血。柴胡味薄性升。而平肝胆之邪。山梔味苦性寒。而清三焦之火。益血瀉火。其即所以治脹痛也歟。

加味四君子湯

人參　白朮炒　茯苓　甘草

白芍酒炒　當歸　山梔炒　柴胡

水煎服一方有黄連半夏

季脇連小腹痛

季脇者。肝之下胆之位。脇之稍處也。痛連小腹者。以小腹與季脇相近。其脉起於足。上環陰器。而歸於腹。同属厥陰故也。其所以連痛者。亦由氣滞血瘀而已。丹臺治以調肝飲。當歸辛温。和血中之氣。川芎辛温。和氣中之血。柴胡味薄踈肝上升。青皮苦辛。引肝下降。延胡温苦而調氣血。木香辛苦而行氣血。加桃仁苦以化瘀。甘以緩急。烏藥香以通經。温以散逆。肝平則痛止矣。臨症者。其善為加減乎。

調肝飲

當歸　川芎　延胡索　烏藥

青皮　柴胡　木香　桃仁

水煎服一方有枳殼

痃癖脇痛

癖者。積聚也。痃者。積聚在小腹也。痃癖脇痛者。脇與小腹牽引也。此氣血凝滞痰食阻塞。日久不散。非輕藥所能愈矣。醫林治以賁黄丸。巴豆辛熱性猛。可升可降。能止能行。開竅宣滞。破積散聚。為斬関奪門之將。雄黄辛温性陽。入肝入脾。化血化瘀。消痰利癖。殺毒辟邪。為散百節大風之品。白麪甘温。補虚養氣用

以和巴豆雄黄者。亦瀉中寓補之意也。為丸入漿水煑服者。取其性以緩其急也。利其癖。非即止其痛乎。

煑黄丸

巴豆去油五錢　雄黄一两　白麪二两

研末水疊丸麻子大每用十二丸湯煑入冷漿湯沉冷一晝夜重湯温服微利為度不必盡劑

脉候

脉雙弦者兩脇痛　寸口脉弦脇下拘痛惡寒　沉濇屬鬱瘀

細緊或弦者怒氣　弦滑者痰食

痛風論

經曰。風者善行數變。流走不定之義也。得痛風之病者。由於暑濕盛行之時。血熱沸騰之際。或穿汗衣。或卧湿地。或汗出迎風。或貪凉飲冷。或睡於漆榻竹席石床之上。致一身之氣血。得寒而凝。受濕而著。遇風而閉。客邪伏於経脉。流於関節。脉絡不和。津液不通。営衛不行。筋骨不随。邪正交争。走痛於四肢筋骨。遂伸屈艱難。直強縮戾。抽掣拘攣。儼如虎咬。苦楚萬千。有一刻不能安枕者。故成白虎歴節之痛風矣。其症日輕夜重。以日為陽。営氣易運。衛氣行表。故痛輕。夜為陰。営氣稽留。衛氣歸陰。故痛重。總属氣血両虚。古人治以辛温。監以辛凉。踈寒燥湿。開鬱通痰。使氣和血暢。脉潤筋榮。更能節飲食。戒愁煩。絶嗜慾。安神智。則無有不愈者矣。倘病者欲求速效。醫者不分虛實。雜藥妄投。鮮有不敗者。凡治痛風。當與痺症叅看。庶幾近焉。

歴節風痛

歴節者。其症肢節痛。身体羸。脚腫如脱。頭眩短氣。温温欲吐。按四肢節痛者。風湿相搏於經絡也。身体羸者。邪盛正衰之敗象也。脚腫如脱者。氣絶於下也。頭眩短氣者。氣虚於上也。温温欲吐者。氣逆於中也。揔属三焦氣血両虧所致仲景治以桂枝白芍知母湯。麻桂防風袪風湿以攘外。白朮甘草益脾土以補中。生姜散逆。知芍養陰。附子逐寒。令邪氣去而正氣復。諸症悉退矣。

桂枝白芍知母湯

桂枝四錢 白芍三錢 知母四錢 防風四錢 麻黄二錢
附子製一錢 甘草二錢 白朮炒四錢 生姜四錢

右㕮咀水煎服

歴節強痛

歴節強痛者。其症筋緩骨痿。身体羸瘦。獨両足腫大。黄汗出。脛冷發熱。不可屈伸。痛不可能忍。按筋緩者。肝液漏泄也。骨痿者。腎精枯竭也。身体羸瘦者。氣血

兩虧也。足腫脛冷者。肝腎俱衰也。黄汗者。土中濕熱外注也。發熱者。正虛邪勝之故也。不可屈伸者。筋骨不榮也。揔屬酒色傷殘所致。仲景治以烏頭湯。麻黄去榮中寒邪。泄衛中風熱。加黄芪固正實表。白芍歛陰和裡。甘草益土調中。用烏頭者。以病在筋骨。非此不除也。

烏頭湯

草烏一枚用蜜煎去草烏取蜜用　麻黄三錢　黄芪三錢　白芍三錢　甘草炙二錢

水煎去渣納煎草烏蜜再煎服半盞如服後病猶不覺再服半盞

肢體全痛

肢體全痛者。上中下歷節皆痛也。上体痛者風也。中体痛者痰也。下体痛者濕也。此風痰濕留於經絡滯於血脉。氣道不行之故也。丹溪治以太安丸。南星勝濕除痰。蒼朮升陽散濕。羗活利週身百節以祛風。白芷入手足三經以透表。防已開腠理而通九竅。靈仙宣經脉而疎五臟。桂枝調衛和營。桃仁破結潤燥。濕即生熱。以黄連胆草瀉之。痛因血滯。以川芎紅花散之。加神麯行氣化痰消食。此上中下痛風之通劑也。

大安丸

羗活　靈仙　桂枝　白芷　川芎　桃仁去皮尖

蒼朮炒　南星製　紅花　防已　胆草酒炒　黄連酒炒

研末神曲打糊為丸每服三錢空心酒下

濕熱走痛

濕熱痛者。或飲酒漿。或感霧露所致也。酒漿之濕傷於內。霧露之濕傷於外。濕久生熱。熱久生痰。伏於腸胃。流於經絡。令氣血反常。一身之關節不利。遂走注作痛矣。丹溪治以春和飲。蒼朮辛溫。開鬱燥濕以逐痰。黄柏苦寒。清熱除濕以瀉火。靈仙辛醎。宣通五臟。羗活苦溫。疎利百節。白芍酸苦。和血脉而緩中。陳皮辛散。導痰滯而快氣。甘草甘平。補脾元而益土。濕去痰消。痛即止矣。

春和散

蒼术炒 黄柏酒炒 羗活 靈仙
陳皮 甘草炙 白芍酒炒

研末每服一錢姜湯下

痰濁陰火痛

痰涎白濁。陰火痛者何也。此氣血两虚也。脾胃之氣血不健。則痰涎上滯。則肝腎之氣血不足。則白濁下淋。四經虧損。則陰火内動矣。脾胃主肌肉。肝腎主筋骨。痰涎陰火交困於肌肉筋骨之中。則未有不痛者。丹溪治以利貞丸。参术補氣。熟地養血。黄柏降火利濁。龟板益水滋陰。山藥澤肌潤肉。瑣陽強骨榮筋。南星燥湿除痰。海石軟堅清熱。加乾姜開五臟六腑。通四肢百節。宣経疎絡。領諸藥以入氣血也。

利貞丸

人参一两 白术炒二两 熟地二两 山藥一两 龟板酥炙二两
瑣陽五錢 黄柏酒炒二两 南星一两 海浮石一两 乾姜灰五錢

研末酒糊丸每服三錢開水下

風濕肢痛

風能燥血。湿能壅氣。氣血為風湿相搏。以致脉絡不通。营衛不和。而筋骨不能屈伸遂意。肢節不能俯仰自如。故作痛也。東垣治以大羗活湯。羗活獨活。辛温以祛風。蒼术防已。辛苦以去湿。白术甘苦益氣。當歸辛温養血。升麻昇陽上行。澤瀉甘醎下降。加茯苓之甘淡者。以調营衛。靈仙之辛温者。以宣經絡。風湿消散則肢節通靈矣。又何疼痛之有哉。

大羗活湯

羗活 升麻 獨活 蒼术 防已
白术 當歸 茯苓 靈仙 澤瀉

右㕮咀水煎服

濕熱肢痛

濕水氣也。熱鬱氣也。熱從濕化。濕變熱邪。濕則腫。熱則痛。或傷肌肉。或傷筋骨。致有濕熱相搏。肢節煩痛。以及徧身腳膝。疼痛不可忍者。東垣治以當歸拈痛湯。羌活防風。透關散濕。蒼白健脾燥濕。濕熱相聚。參苓茵母泄之。氣血不行。當歸辛温散之。濕宜利水。猪苓澤瀉導之。引藥上行。升麻葛根發之。使壅滯之濕熱。皆得宣通。則氣和太和。而歷節之痛自失矣。此方并治肩背作痛。瘡瘍等症

當歸拈痛湯

當歸酒洗　茵陳酒炒　羌活　防風　升麻
葛根　蒼术　白术　猪苓　澤瀉
知母　甘草　苦參酒炒　黄芩酒炒

水煎服氣虛加人參

寒濕肢痛

寒與濕。皆陰邪也。寒性最勁。濕性最濡。寒能傷骨。濕可傷筋。筋骨為寒濕所傷。致有皮膚不仁。脉絡不榮。肢節重痛。四肢緩縱不収者。法宜温經為主。東垣治以三因附子湯。附子辛熱。通行經絡。逐表裡之寒。肉桂辛甘。宣導血脉。消内外之陰。白术苦温燥濕。白芍性雖酸苦。同姜棗能散濕温经。甘草性主甘平。同白芍能緩中止痛。加人參補百脉而益三焦。合諸藥扶正驅邪。此治寒濕之大法也。

三因附子湯 并治風寒濕痺

附子製　肉桂　白术炒　茯苓　甘草
人參　白芍酒炒　生姜　大棗

右㕮咀水煎服

肢節腫痛

腫屬濕。痛屬熱。此濕熱流注於肢節。而又因風寒客入於經絡也。蓋風為陽。而

寒為陰。寒傷血。而風傷氣。風寒濕熱。交爭於筋脉之中。故一身肢節腫且痛矣。丹溪治以麻黄羗活湯。麻黄防風。散肌表八風之寒。羗活獨活。利週身百節之痛。荊芷蒼朮。散濕燥濕。黄芩葛根。散熱清熱。芎歸白芍。和血活血。加升麻以升之。靈仙以通之。甘草以調之。見症再為增減活法也。

麻黄羗活湯

麻黄　羗活　獨活　葛根　防風
荊芥　白芷　靈仙　升麻　川芎
當歸酒洗　白芍酒炒　黄芩酒炒　蒼朮炒

水煎服。婦人加酒洗紅花。下焦腫痛加酒炒黄柏。痛甚加没藥乳香。小便少加茯苓澤瀉。中悶加桔梗枳殼

血虛節痛

血虛者。因血熱而虛也。又因外風入於経絡。凝於血脉。以致血不榮筋。筋不運骨。遂筋抽骨強。而成歷節之痛症矣。瘦人常有此病。法宜養血為主。丹溪治以加味四物湯。當歸辛温生血。生地甘寒滋血。白芍酸寒斂血。川芎辛温活血。加桃仁甘苦。潤燥利滯。牛膝酸苦。通脉強筋。陳皮辛散。以宣五臟。白芷芳香以開九竅。茯苓甘淡以清虛熱。甘草甘平以和中氣。加胆草之苦寒者。以肝為血海。用以瀉血中之熱也。雖有風而不祛風者。其血和風滅之意歟。

加味四物湯

生地　當歸酒洗　川芎　白芍酒炒　桃仁　牛膝
陳皮　茯苓　白芷　甘草　龍胆草酒炒

水煎服。氣虛加人參白朮龜板。痰加南星半夏生姜。如痛在上者屬風加羗活桂枝靈仙桔梗。痛在下者屬濕加防已木通黄柏酒炒

濕痰節痛 即氣虛

痰即濕也。濕即水也。水即飲也。痰飲即水濕所變化也。流於経絡。注於血脉。筋

骨受制。遂屈伸不利。而歷節痛矣。皆由脾土不強。肺金氣虛所致也。肥人常有此病。法宜補氣逐痰為主。丹溪治以加味二陳湯。人参黄芪。補金益土。蒼朮白朮燥胃強脾。茯苓淡滲利湿。半夏辛滑逐痰。陳皮辛温宣滯。甘草甘美調中。湿必生熱。加黄芩之苦以清之。痰為濁飲。加南星之辛以燥之。筋骨疼痛。加羌活之温以利之。臨症再行加減活法也。

加味二陳湯

橘紅　半夏　茯苓　甘草　南星　蒼朮
黄芩　羌活　人参　黄芪　白朮

水煎服。加姜汁竹瀝各一大匙服。血虛加當歸川芎。白芷痛在上者加桔梗桂枝靈仙。痛在下者加牛膝防已木通黄柏

風寒濕節痛

人受風寒濕三氣而節痛者何也。風為陽邪。寒為陰邪。湿為濁邪。風傷衛。寒傷營。湿傷經。三者流(溢)於関節。輕則麻木。重則痠疼。甚則歷節刺痛矣。仲陽治以續斷丸。續斷苦温。補肝腎而(通)經絡。亦且強筋。當歸辛温。和血脉而益肝脾。更兼潤骨。防風性辛。合川芎以祛風。天麻性温。合萆薢以去湿。附子辛熱逐寒。合乳香沒藥。通行十二經。舒筋活絡以定痛也。邪去正複。歷節其宣暢乎。

續斷丸

續斷　當歸酒洗　萆薢　天麻　防風
川芎　附子製　乳香去油　沒藥去油

研末蜜丸。每服三錢。酒下

歷節痛風

節者。骨節也。歷節者。周身筋骨之歷(節也)節。風痛者。風入筋骨。而節節俱痛也。皆因氣血虧損。不能外禦陽風。以致善行數變之風。直通筋骨。而成白虎歷節之痛風矣。豈尋常藥餌能愈哉。河間治以金刀如神散。肝主筋。腎生骨。首烏當歸補

肝堅腎。血充筋。氣充骨。人參川芎。因氣養血。風在經絡。以防風麻黃散之。風淫內外。以天麻荆芥湯之。風入歷節。以細辛雄黃滌之。陽氣鬱結。以蒼朮發之。中氣不運。以甘草和之。全蝎硃砂乃祛風之妙品。川烏草烏。乃搜節之雄材。歷節痛風。非此不治神散也。

金刀如神散

人參 首烏 當歸酒炒 川芎 甘草炒 防風
荆芥 麻黃 天麻 細辛 雄黃 硃砂
全蝎 蒼朮炒 川烏炒黑焦 草烏炒黑焦

研末每服五分清茶調下

黃芪酒

黃芪 白朮 白芍 當歸 續斷
桂枝 防風 天麻 萆薢 虎骨
石斛 木香 茵芋葉 甘草 靈仙

研粗末盛絹袋內浸酒甕勿令泄氣不拘時飲

東垣四妙散 治走注痛

靈仙酒浸焙五錢 羯羊角灰三錢 蒼耳子三錢 白芥子炒二錢

研末每服一錢姜湯下

肢節拘攣痛

肢節者。四肢一身之骨節也。拘攣者。儼如索捆。而起卧步履。不能運動如常也。此因外邪客於經絡。令氣凝血滯。致血不榮筋。氣不健骨。遂有肢節拘攣之病症矣。方書治以舒筋散。當歸甘溫。散寒和氣。為血中之氣藥。利骨養筋。桂枝辛甘。通脉溫經。為氣中之血藥。祛風定痛。延胡索辛苦兼溫。能行血中氣滯。氣中血滯。且療諸痛。為活血利氣之第一品也。氣血太和。攣痛除矣。

舒筋散

延胡索炒　當歸　桂枝　各等分

研末每服二錢酒下

瘀血濕痰節痛

瘀血濕痰節痛者。其症身体沉重。昏夜尤甚。按血不自瘀。因痰則瘀。痰不自蓄。因濕則蓄。身体沉重者。痰濕也。昏夜尤甚者。瘀血也。痰濕瘀血。注於肢節之間。筋骨之會。空竅之所。故作痛也。林雲治以趕痛湯。乳香沒藥。活血伸筋。散結通滯。紅花桃仁。破瘀潤燥。去舊生新。牛膝和血脉以強筋。香附開氣鬱而舒絡。甘草節能行骨節。五靈脂能化風痰。羌活行經。利周身之百節。地龍性竄除在体之濕邪。不治痰濕。而專治血者。以血和而痰濕自觧。痛自平矣。

趕痛湯

乳香去油　沒藥去油　地龍酒炒　香附童便浸　桃仁　紅花
甘草節　牛膝酒炒　當歸　羌活　五靈脂

右㕮咀水煎服

走注痛

走者。流走無定也。注者。留注一處也。走注痛者。痛無定處也。此因外邪客入於血脉也。邪不去。則痛不止。止痛必須去邪。去邪必須和血。方書治以如意通聖散。麻黃辛溫。透表逐邪。調營衛而通九竅。芎歸辛苦。活血榮經。行上下而和百脉。丁香辛熱。溫胃土以開鬱。陳皮辛散。疎滯氣以宣陽。粟殼酸収。能療筋骨諸痛。甘草甘平。能調諸藥行經。李士材云。此治痛風之仙方也。

如意通聖散

麻黃　當歸　陳皮　甘草
川芎　丁香　粟殼去蒂膜　各等分

右藥慢火炒黃色研末每服五錢水煎服如腰脚痛加虎骨乳香沒藥心痛加乳香良姜

没藥散 治遍身走注痛

没藥去油二两　虎骨酥炙四两

研末每服五錢酒下日再服一方虎骨製附子各一兩研末每服酒下二錢　治走注并兩膝熱腫痛

氣虛走注痛

氣者。正氣也。虛者。虛弱也。氣固者難於受邪。氣虛者。易於客感。所謂邪者。即風寒也。風傷衛。寒傷營。傷於衛者。在肌膚。傷於營者。在筋骨。營衛筋骨。為風寒所傷。以致經絡凝滯。氣不能領血以行於遍体。遂走注無定。而痛有不可忍者。東垣治以神效黃芪湯。氣為血帥。以人參補之。氣能生血。以黃芪益之。氣虛則逆以白芍歛之。氣虛則寒。以甘草溫之。加陳皮和諸藥以宣五藏。蔓荊協諸藥以通九竅。寓驅邪於補正之中。妙法也。

神效黃芪湯

黃芪二錢　人參一錢　白芍一錢　炙甘草一錢　蔓荊子三分　陳皮五分

水煎服上截如意通聖散亦主之

風毒攻痛

風毒攻痛者。其症痛無常處。日輕夜重。筋脉拘攣。按風毒者。厲氣也。攻痛者。流走不定也。日輕夜重者。陽勝陰衰也。拘攣者。屈伸不利也。皆邪氣乘虛所致也。和劑治以虎骨散。虎骨強力。亀板滋陰。骨碎補健骨。白附子祛風。五加皮去滞順氣。麒麟竭活血榮筋。蒼耳子善治肢攣。淮牛膝最通脉絡。歸芎養陰益血。乳香定痛和營。桂枝行陽。白芷開竅。天麻開痺。羌防利節。風散而痛平矣。

虎骨散

虎骨酥炙二两　亀板酥炙二两　蒼耳子炒三两　五加皮一两　骨碎補三两

没藥去油三两　乳香去油三两　白附子炮二两　麒麟竭三两　白芍酒炒三两

當歸三两　天麻一两　防風三两　羌活一两　桂枝三两　白芷三两　牛膝酒炒一两

研末每服一錢酒調下一名趂痛散

濟生虎骨散 治白虎痛風歷節走注

虎骨酥炙各 全蝎去足尾五錢 射香二分 殭蚕各 川牛膝酒浸各 天麻各
當歸各 乳香一兩 沒藥各 防風各 桂枝各 甘草炙五錢

研末每服三錢酒調下一方有花蛇肉酒浸二兩

濟生羗活湯 治同上

羗活各 製附子五錢 秦艽五錢 桂枝五錢 木香五錢 防風各
川芎五錢 當歸各 牛膝五錢 甘草五錢 桃仁各 骨碎補各

研末每服四錢生姜三片水煎服

歷節抽掣痛

抽者抽搐也。掣者牽掣也。歷節抽掣者。卽偏身骨節之筋抽脉掣也。此風湿入於氣血經脉凝滞之故。所謂通則不痛。痛則不通是也。神方授以一味木通湯。木通甘淡輕虛。上通心包。下通大小腸膀胱。導湿熱。通九竅。利血脉。開關節。煎服後。一時許。偏身痒甚。發紅丹如小豆大。全体汗出。痛卽止矣。楊仁齋云偏身風湿拘急。足冷者。皆湿化為熱。熱傷血分。血属心。用木通以通心竅則經絡流行。歷節之痛。有不愈者乎。

一味木通湯

木通二兩

長流水煎服如上身出汗痛止下身無汗痛未止者再取二兩煎服卽愈屢用皆驗

歷節攣急痛

痛有肢節攣急。遇陰雨寒天尤甚者何也。此風湿客於經絡也。肢節攣急者。氣凝血滞。而筋脉不舒也。遇陰寒痛甚者。以寒則収陰則伏。而陽氣不宣也。御院治以虎骨丸。虎骨辛熱。追風健骨。治拘攣定痛為君。沒藥苦辛。散滞通結。宣

氣壅腫急為臣。乳香苦溫。行經活絡。去風滛伸筋為佐。血竭甘鹹。逐瘀生新。和肢節血脉為使。加當歸之辛溫者。以散血分之寒。白芍之酸苦者。以緩横逆之氣。地黃之甘溫者。以填骨髓之精。木瓜之香温者。以利筋骨之湿。妙法也。

虎骨丸

虎骨 两　乳香 两　没藥 两　白芍 两

熟地 两　當歸 两　血竭 三錢　木瓜 一枚

先將木瓜一枚切破去子入乳香一錢麻纒緊勿令透氣酒一碗煮乾取木瓜去皮和諸藥研末蜜丸每服三錢酒下

腰胯湿熱痛

腰者。腎之府也。胯者。兩股間也。腎主骨。腰胯亦屬骨也。腎虛受湿。湿化為熱。湿熱滞於腰胯。則骨力不強。血脉不行。經絡不舒。遂作痛矣。容齋治以清熱勝湿湯。蒼朮辛溫燥湿。黄柏苦寒清熱。羌活辛苦以利百節之痛。靈仙鹹温以宣五藏之風。杜仲甘温強筋健骨。木瓜酸濇調衛和營。澤瀉甘鹹。利湿熱而去腎邪。甘草甘平。益中州而培脾土。陳皮辛以宣氣。白芍酸以和血。此治腰胯湿熱之方。加減法立於後。

清熱勝湿湯

蒼朮　黄柏　澤瀉　甘草　陳皮

木瓜　白芍　杜仲　威靈仙　羌活

姜三片水煎服痛甚加川牛膝乳香没藥血瘀加桃仁紅花當歸兩足重痛加防已牛膝冷痛加附子虎骨去黄柏澤瀉走痛加紫荆皮川烏炒焦熱痛加山梔氣逆加烏藥痠軟加川芎當歸熟地川牛膝腎虛加破故紙

腰胯虛痛

腰胯屬肝腎。以肝主筋。腎主骨也。虛者。肝腎虛也。虛則生寒。虛寒則痛也。其所

以虛寒者。或色慾過度。外邪客入。致腎不強骨。肝不強筋之故也。臨川治以固真丸。人參黃芪。補氣生血。當歸熟地。滋腎養肝。杜仲牛膝。通脉榮經。獨活秦艽。和筋行絡。寄生蒼朮。利節升陽。加茴香官桂。煖腎氣而益元真。木瓜舒肝血而収筋骨。研末蜜丸。以酒送下。腎肝充足。則外邪自觧。痛患悉平。亦補正之法也。

固真丸

人參五錢 黃芪一両 當歸酒洗五錢 熟地一両 蒼朮炒刃五錢
獨活一両 秦艽一両 官桂三錢 木瓜五錢 小茴酒炒五錢
杜仲酒炒刃五錢 牛膝酒洗刃 桑寄生刃五錢

研末蜜丸酒下三錢

兩足并腰胯痛

兩足寬痛。或如火燎。從足跗熱至腰胯。或麻痺痿軟。此濕患也。按足寬痛者。濕在經也。如火燎者。濕化熱也。跗熱至腰胯者。濕冲於上也。麻痺痿軟者。濕鬱於下也。揔属腎虛所致。東垣治以加味二妙丸。龜板甘草。滋陰而療足熱。同牛膝之酸苦者。以治痿。黃柏苦寒。而清相火。合蒼朮之辛溫者。以除濕。防已辛苦。行經開竅。萆薢甘苦。利節通關。當歸辛溫。榮筋活血。虎骨辛壯。健骨驅邪。如足冷胯瘦者。去黃柏龜板。加附子活法也。

加味二妙丸

龜板酥炙刃 蒼朮炒三刃 黃柏酒浸炒三刃 牛膝一両
虎骨酥炙刃 萆薢刃 防已一両 當歸二両

研末酒煮麪糊丸每服二錢空心姜塩湯下

犀角散

犀角一両 虎骨刃 沉香一両 當歸一両 白芎一両 牛膝一両 槲葉一把
羌活一両 秦艽一両 桃仁一両 甘草五錢 骨碎補刃 青木香一両

研末每服五錢水煎服臨服入射香少許 白虎歷節痛掣徹骨者

為寒腫滿如脱者為濕多汗悪風者為風通以此方治之

脉候

脉洪滑弦浮急軟有力為實
脉虚微虚弦虚緩虚摶為虚

痺痛論

内經曰。風寒濕三氣雜至。合而為痺也。風氣勝者。為行痺。寒氣勝者。為痛痺。溼氣勝者。為着痺。而四時患此者。又有骨痺。筋痺。脉痺。肌痺。皮痺。之五名。五痺不已。復感於邪。又舍於心肝脾肺腎之五藏。各有見症。勿亂治也。按内經論痺四時之令。皆有客邪。五藏之氣。皆能受病。六氣之中。風寒溼居其半。曰雜至。曰合。則非偏受一氣致痺也明矣。又曰。風勝行痺。寒勝痛痺。濕勝着痺。觀其下一勝字。即知但分邪有輕重。未嘗非三氣雜合為病也。皮肉筋骨脉。各有五藏之合。初病在表。久而不去。則各因其合而内舍於藏。在表者袪之。猶易。入臟者攻之實難。治表者。散邪為亟。治藏者。養正為先。凡治行痺者。散風為主。禦寒利濕。仍不可廢。大抵參以補血之品。蓋治風先治血。血和風自滅也。治痺痛者。散寒為主。疎風燥濕。仍不可缺。大抵參以補火之品。非大辛温不能觧凝寒之害也。治着痺者。和濕為主。祛風逐寒。亦不可少。大抵參以補脾益氣之品。蓋土能勝溼氣自無頑麻也。提其大綱。約畧如此。分條治法。應與痛風症參看。

行痺

岐伯曰。風寒濕三氣雜至。合而為痺也。其風氣勝者。為行痺。按痺者。不通之謂也。行者流走無定也。風寒濕皆成痺痛。惟感風獨勝者。入於肌膚。留於經絡。行於上下左右。故曰行痺。河間治以防風湯。防風秦艽麻黄。疎風邪以透表。甘草當歸。和氣血以調中。黄芩葛根。清肺胃以升陽。杏仁除風散寒。茯苓滲溼榮筋。桂枝宣導百脉。姜棗調和營衛。風去痺開。痛即止矣。

防風湯

防風一两 甘草一两 當歸一两 茯苓一两 杏仁一两
桂枝一两 黄芩二錢 秦艽三錢 葛根三錢 麻黄五錢
研末每服五錢姜三片棗二枚酒水各半並服

痛痺

岐伯曰。寒氣勝者。為痛痺。按寒者陰邪也。痺者冷逆也。痛者不通也。人身氣血經絡。為寒邪固閉。甚至四肢拘緊。浮腫疲疼。故曰痛痺。河間治以茯苓湯。茯苓甘淡。以益脾陽。桂枝辛温。以舒経脉。防風麻黄。味辛性浮。用以逐寒透表。川芎白芍。辛温酸苦。用以驅寒和裡。加桑皮之甘辛者。以利関節。姜棗之甘辛者。以調営衛。汗泄而痛平矣。

茯苓湯

茯苓 二両 桑皮 一両 防風 両五錢 桂枝 両五錢

川芎 両五錢 白芍 両五錢 麻黄 両五錢

研末每服五錢棗二枚水煎服継以姜汁和稀粥投之以汗出為度

着痺

岐伯曰。濕氣勝者。為着痺。按湿者。水氣也。着者着於一處而不移也。人感湿邪。滞於血脉。留注不觧。令四肢麻木拘攣。為腫為痛。故曰着痺。河間治以茯苓川芎湯。其方用川芎當歸之辛温者。和血以去着。防風麻桂之辛甘者。除風以去湿。桑皮苓甘之甘淡者。滲湿以利節。生姜大棗之甘辛者。和衛以調営。飲稀粥通経導絡。漐漐汗觧。此即師仲景桂枝麻黄法也。

茯苓川芎湯

茯苓 桑皮 川芎 當歸 麻黄

桂枝 白芍 甘草 防風 各等分

研末每服二錢姜一片棗二枚水煎服継以稀粥投之

筋痺

岐伯曰。以春遇此者為筋痺。筋痺不已。復感於邪。内舎於肝。肝痺者。夜卧則驚。多飲。数小便。上為引如懐。按筋痺者。春受風寒湿傷筋也。病久不愈。復感於邪。則傷肝。以肝主筋也。肝藏魂。肝痺則魂不安。故夜卧則驚。肝脉循喉嚨。風勝則亡津液。故多飲。肝脉過陰器。抵少腹。湿勝則土不制水。故小便数。寒勝則筋縮

急。故上下引痛如懷也。河間治以防風湯。羌活防風秦艽散風。桂杏葛根解肌。當歸活血。茯苓利氣。黃芩養陰。甘草緩中。此治筋痺之法也。

防風湯

防風一錢　羌活一錢　當歸一錢　茯苓一錢　杏仁一錢
葛根二錢　秦艽二錢　黃芩一錢　桂枝一錢　甘草五分
姜三片水酒各半煎服

没藥散 治遍身百節走痛

没藥去油二兩　虎骨酥炙四兩
研末每服五錢酒下

桂心散 治同上

桂心　漏蘆　靈仙　川芎　白芷
當歸　木香　殭蚕炒　地龍炒各等分
研末每服二錢酒下

如意散 走注痛

當歸　陳皮　麻黃　川芎
丁香　甘草　粟殼去蒂膜等分
右藥慢火黃色每服五錢水煎服如腰脚痛加虎骨乳香没藥心痛加乳香良姜此治痺痛之仙方也

脉痺

岐伯曰。以夏遇此者。為脉痺。脉痺不已。復感於邪。内舍於心。心痺者。脉不通。煩則心下鼓。暴上氣而喘。嗌乾善噫。厥氣上則恐。按脉痺者。夏受風寒濕傷脉也。痺久不愈。復感於邪則傷心。以心主脉也。心痺。故脉不通。心脉起於心中。其支者。上挾咽。故嗌乾善噫。其直者。上行肺。故煩滿嘔喘。太無云。風勝則煩而心下鼓。濕勝則上氣。寒勝則氣喘。風熱則嗌乾善噫者。心病也。厥氣者。陰氣也。心大

衰。陰邪乘之。故神怯而恐也。宣附治以升麻湯。升麻升清。茯神安臟。犀羚解心熱而清肺肝。羌防去風湿而舒筋絡。桂枝驅寒導脉。人参補正祛邪。脉通則諸症自愈。

升麻湯

升麻二錢　茯神二錢　人参一錢　防風一錢

羌活一錢　桂枝五錢　犀角一錢　羚羊角一錢

水煎服加竹瀝一匙服

皮痺

岐伯曰。以秋遇此者。為皮痺。皮痺不已。復感於邪。内舍於肺。肺痺者。煩満喘而嘔。按皮痺者。秋受風寒湿傷皮也。痺久不愈。復感於邪。則傷肺。以肺主皮毛也。肺為氣海。居高象天。形如華蓋。其脉上循胃口。因外邪客逆。故煩喘而嘔。亦或癮疹風瘡搔之不痛。皆為皮痺。丹溪治以消風散。羌防荊芥去風。當歸川芎養血。藿香半夏和胃。陳皮茯苓利氣。人参甘草補正。邪去而痺愈矣。

消風散

羌活　防風　當歸　川芎　藿香

半夏　陳皮　茯苓　人参　甘草

水煎服一方有杏仁厚朴口渴加葛根

骨痺

岐伯曰。以冬遇此者。為骨痺。骨痺不已。復感於邪。内舍於腎。腎痺者。善脹。尻以代踵。脊以代頭。按骨痺者。冬受風寒濕傷骨也。痺久不愈。復感於邪。則傷腎。以腎主骨也。腎属胃関。陰邪乘胃。故善脹。尻以代踵者。足攣不伸也。脊以代頭者身僂不直也。腎脉入跟中。上腨内。出膕内廉。而又貫脊。故病此也。局方治以五積散。麻芷去風。薑桂逐寒。陳枳利氣。芎歸活血。蒼朮茯苓燥湿。白芍和陰。半夏通陽。厚朴除満。桔梗開滞。甘草和中。此治骨痺之法也。

[illegible handwritten text — faded cursive, not legibly recoverable]

五積散

麻黄六錢 白芷三錢 茯苓三錢 半夏三錢 當歸三錢
川芎三錢 甘草三錢 肉桂三錢 白芍三錢 枳殼三錢
陳皮五錢 桔梗五錢 厚朴四錢 乾姜四錢 蒼朮一両
研末每服四錢姜三片葱三根水煎挾氣加呉茱萸

肌痺

岐伯曰。以至陰遇此者。為肌痺。肌痺不已。復感於邪。内舍於脾。脾痺者。四肢懈惰。發咳嘔汁。上為大寒。按至陰者。長夏也。言長夏伏陰也。肌痺者。夏受陰寒濕傷肌也。痺久不已。復感於邪則傷脾。以脾主肌肉也。四肢属脾。故懈惰。脾脉絡胃上鬲挾咽。故咳嘔。上為大寒者。陰邪否膈也。東垣治以神效黄芪湯。参芪甘温。補氣鮮肌。白芍酸寒。歛陰和血。陳皮辛温調氣。甘草甘美和中。加蔓荊子之辛苦者。搜風除濕以通竅也。如倴麻者。以人參益氣湯次第服之。

神效黄芪湯

黄芪二錢 人参三錢 白芍三錢 炙甘草二錢
陳皮五分 蔓荊子五分 水煎服

人参益氣湯

人参五錢 黄芪八錢 生甘草三錢 炙甘草二錢
升麻二錢 柴胡二錢 白芍二錢 五味子一百廿个
研末每服五錢水煎服 眠穏於麻木處按摩屈伸午時再服五錢

腸痺

岐伯曰。腸痺者。数飲而不得出。中氣喘爭。時發飧泄。此風寒濕化熱於腸間。而成痺也。腸者兼大小腸言也。数飲者。因風熱口渴也。小便不出者。下焦之氣不化也。寒在腸中。升降失常。故中氣喘爭。濕在腸中。清濁不分。故時發飧泄。宣明治以木香丸。白朮厚朴木香。行氣燥濕。桂附良姜乾姜。温中去寒。肉蔻甘草訶

皮。和脾止泄。寒湿散。則風熱解。氣道通。則諸病愈。

木香丸

木香二兩 白术二兩 官桂一兩 良姜一兩 乾姜三錢
附子炮二兩 厚朴姜炒二兩 肉蔻二兩 甘草五錢 訶子皮一兩
研末神曲打糊為丸每服一錢姜湯下五苓散加桑皮木通麦冬治腸痺熱症

胞痺

岐伯曰。胞痺者。少腹膀胱。按之内痛。若沃以湯。澁於小便。上為清涕。考膀胱位居少腹。胞者。膀胱之脬也。膀胱氣閉。故按之内痛。若沃以湯者。水蓄於内也。澁於小便者。氣逆不通也。上為清涕者。以膀胱之脉。從巔入絡腦。寒湿乘之之故故也。元素治以腎着湯。白术苦温燥湿。乾姜辛熱逐寒。赤苓甘淡利水。甘草甘平益土。痺者通。小便利。病自痊矣。熱痺者。腎瀝湯主之。臨症辨治不可悮也。

腎着湯

白术四兩 赤苓四兩 甘草炙三兩 乾姜二兩
研末每服三錢水煎服

腎瀝湯

麦冬錢五 犀角錢五 杜仲一錢五 加皮錢五
桔梗一錢 白芍炒一錢 木通一錢 桑螵蛸一個
羊腎一個水煎服

血痺

岐伯曰。諸血生於心。血凝於膚者為痺。痺在脉。則血凝不流。此血痺之因於風也。心為君主。生之本。神之變。其充在血。血虚者。由於氣虚。以氣能生血也。氣虚則外風易入。留於脉絡。滞於経骨。致令身体不仁。肌膚麻木。故曰血痺。仲景治以黄芪五物湯。黄芪甘温。肥腠理以實衛氣。白芍酸寒。歛陰氣以和营血。桂枝

辛甘。乃通陰陽氣血之品。合姜棗之甘辛者。行津液而調營衛。共成治血痺之良劑。

黄芪五物湯

黄芪三兩 白芍三兩 桂枝三兩 生姜六兩 大棗十二枚

右㕮咀水煎服

周痺

經云。內不在臟腑。外未發於皮。獨居分肉之間。真氣不能周者。曰周痺。此風寒濕在血脉中。上下周流。令関節不利。屈伸不便。俯仰不遂也。黄帝鍼經云。三氣注於五臟。留滯胃中。結聚不散。周年不愈。即周痺也。丹溪治以金毛膏。金毛狗脊。苦堅腎。甘益血。温養氣。除寒濕。觧風虛。強机関。舒筋骨。為治周痺之妙品。膏以酒下者。行經絡也。河間用大豆蘗治之。大豆甘温。祛風利濕。活血觧毒。散結下氣。二方酌服可用。

金毛膏

金毛狗脊五十斤去毛淨 熬膏每服三錢熱酒化下

大豆蘗散

大豆蘗一斤炒香熟 研末每服一錢酒調下日三服

骨痺

帝曰。人有身寒。湯火不能熱。厚衣不能温。然不凍慄。是為何病。岐伯曰。是人者素腎氣盛。以水為事。太陽氣衰。腎脂枯。一水不能勝兩火。腎者水也。而生於骨腎不生。則髓不滿。故寒甚至骨也。所以不凍慄者。肝一陽也。心二陽也。腎孤臟也。一水不勝二火。故不凍慄也。河間治以附子湯。黄芪白朮補氣。川芎當歸養血。肉桂附子助陽。丹參牛膝。健骨強筋。菊花山萸。清金益木。菖蒲補肝。天麻通脉。萆薢益精。細辛利竅。甘草和中。加防風獨活。合諸藥以祛風寒濕也。

附子湯

附子炮一錢 獨活一錢 川芎一錢 丹參一錢 萆薢一錢 防風一錢
菖蒲一錢 天麻一錢 肉桂一錢 當歸一錢 黃芪一錢 白朮一錢
山萸一錢 細辛五分 菊花五分 牛膝酒洗一錢 甘草五分
姜一片水煎服

氣痺

帝曰。人身非衣寒也。中非有寒氣也。寒從中生者何。岐伯曰。是人多痺氣也。既非衣服单寒。又非外感風寒。而寒氣忽從内起。甚至身寒如在水中。此陽氣少陰氣多。陽虛陰盛。真氣不暢而痺逆也。守貞治以附子丸。附子温經。川烏走表。椒桂補火。白朮益氣。骨碎補固腎。石菖蒲利竅。天麻通脉。甘草温中。蜜丸酒下。令九竅利。百節通。陽氣旺。陰血歛。全体太和。痺自痊矣。

附子丸
附子炮兩 川烏蜜炒焦兩 官桂兩 川椒兩 石菖蒲兩
甘草炙兩 天麻兩 白朮兩 骨碎補兩
研末蜜丸每服二錢酒下日三服一方有人參

諸痺

岐伯曰。風寒濕三氣雜至。合而為痺。風為百病之長。善行數變。人若汗出當風。入於皮膚。客於四肢。流於經絡。致令頭眩脇痛。胸膈壅滞。屈伸不利。甚至牽動肝風。目瞤。心煩昏悶。故曰諸痺。按汗即湿也。湿即寒也。寒濕與風相搏。即化熱也。河間治以升麻湯。骨皮鮮肌熱而散頭風。棗仁除煩悶而寧心氣。元參壮真水而明目瞤。前胡去風寒而開脇膈。升麻昇清氣而祛表邪。葛根鼓胃土而生津液。羚羊搜肝風而舒筋骨。良劑也。

升麻前胡湯
升麻錢五 前胡錢五 元參錢二 地骨皮一錢
葛根二錢 棗仁炒二錢 羚羊角一錢

水煎服一時後再進一劑

五痺

五痺者。風寒濕三氣。客於五臟之經絡也。其症肌体麻木不仁。東垣以麻木屬真氣不能流通。丹溪以麻止習習然。尚無氣血攻衝不行之狀。而木則氣血已痺矣。不仁者。痛痒不知也。東垣治以五痺湯。參芪朮草五味補氣。當歸川芎白芍補血。升柴升清降濁。苓辛利竅通脉。氣血充。客邪散矣。丹溪治以增損五痺湯。芪朮益氣。歸芍益血。羌活利節。防已行經。姜黃理血中之氣。甘草叅贊化之功。皆良法也。

五痺湯

人參一錢　白芍酒炒一錢　黃芪炒一錢　白朮炒一錢　甘草五分
當歸酒洗一錢　川芎一錢　五味子十五粒　升麻五分　柴胡五分
茯苓一錢　細辛五分

水煎服一方無升麻柴胡黃芪腎痺加獨活官桂杜仲牛膝黃芪川萆薢心痺加遠志茯神麦冬犀角脾痺加砂仁神曲肺痺加紫菀杏仁半夏麻黃肝痺加棗仁柴胡

增損五痺湯

羌活　防已　白朮炒　黃芪炒　當歸酒洗
白芍酒炒　防風　薑黃各等分　甘草炙減半

姜一片水煎服

冷痺

冷痺者。風寒溫客於血脉。而肌膚不溫煖也。其症骨節疼痛。四肢緩縱。按緩縱者。屈伸無力也。疼痛者。經絡不舒也。皆屬風寒濕三氣所致也。東垣治以加味三因附子湯。附子辛熱。逐表裡之寒。桂枝辛甘。行内外之陽。白朮苦溫燥濕。防風辛散祛風。茯苓甘淡利竅。白芍酸苦斂陰。姜棗和營益衛。甘草贊化調元。加人參

之甘温者。補百脉而固三焦。正氣充足。則外邪自觧。此治冷痺補氣生血之法也。

加味三因附子湯

附子炮　白芍酒炒　桂枝　甘草　茯苓
人参　白术炒　防風　生姜　大枣

右㕮咀水煎服

風痺

風痺者。其痛多在関節肢体流走無定。或紅或腫。按之極熱。甚則悪寒喜温。其脉浮大濇数。脉浮大為風。濇数為熱。風為陽邪。如火熱之性而善走也。入於血脉。則節痛。滞於經絡。則紅腫。悪寒喜温者。以寒則凝。温則散也。法宜和血通經為主。百問治以省風湯。痺在血脉。以歸秦牛膝和之。風在經絡。以羗活防風散之。熱廹腫痛。以黄芩車前利之。氣虚加人参。見症活法為要。

省風湯

當歸一錢　牛膝一錢　秦艽錢五　防風一錢
羗活一錢　車前五分　黄芩酒炒五分

水煎服一方用土牛膝

寒痺

寒痺者。其症肢痛拘攣。脉沉濇或弦緊。按脉緊為寒。沉為在裡。濇為血虚。弦為氣逆。肢痛者。寒凝血脉也。拘攣者。血枯筋燥也。法宜温經為主。百問治以桂枝防風湯。芎歸辛温以散脉絡之寒。桂枝辛甘以和営衛之氣。羗活温苦以通百節。防風辛苦以散八風。獨活辛温而舒関節。桐皮温苦而行經絡。寒邪悉去。則氣血太和矣。如日久正虚。加人参白术。如陽虚。加肉桂去桂枝。

桂枝防風湯

桂枝五分　防風錢二　羗活錢二　獨活五分
川芎一錢　當歸二錢　海桐皮一錢

姜一片水煎服

濕痺

濕痺者。四肢重着。麻木不仁。脉多濡滑。盖濕為水氣。着於肌肉。則腠理不通。故肢重。着於血脉。則氣道不行。故麻木濡滑者。湿脉之象也。法宜補脾為主。百問治以秦歸飲。脾属土。土生湿。用蒼术白术以燥之。脾統血。血不和。用當歸川芎以潤之。湿在經絡。以羌活勝之。湿在血脉。以秦艽潤之。湿在下部。以防巳通之。此治湿痺之主方也。臨症善於加減。尤宜辨虛實輕重深淺為治。庶不失手。

秦歸飲

秦艽　當歸　白术　蒼术

川芎　羌活　防巳

姜一片水煎服

内傷痺

内傷之痺。属七情抑鬱。致臟腑氣閉不通也。經云。淫氣喘息。痺在肺。淫氣憂思。痺在心。淫氣遺溺。痺在腎。淫氣乏竭。痺在肝。淫氣肌絶。痺在脾。所謂淫氣者。非六淫之氣。乃五臟各有營運之意也。觀此經義。即内傷之痺矣。百問治以紅紫丹花飲。橘紅薏仁通脾。菊花牛膝通肝。紫苑通肺。丹參通心。澤瀉通腎。順五臟之氣。即以治五臟之痺也。加減法立於後。

紅紫丹花飲

橘紅一錢　紫苑二錢　丹参錢五　菊花五分

薏仁三錢　牛膝五分　澤瀉一錢

水煎服。如氣喘。心胸痞結而有欲咳不咳之状者。即息賁之肺痺也。加貝母一錢五分。或桑皮一錢。去丹参苡仁。如憂思心中怏怏不樂。否否不快。不思飲食。形如神萎弱者。即氣逆膻中之心痺也。加人参一錢五分。茯神一錢　遠志　益智仁各五分。去苡仁牛膝。如遺溺。膀胱脹滿。似熱

湯內沃。小便不利。欲解不鮮者。即脬痺也。加車前一錢五分。丹皮五分。去苡仁紫苑。如肌絶。肢体緩縱不仁。即脾痺也。加白术三錢。茯苓一錢五分。去紫苑牛膝。如乏竭勞傷勞力疾走恐惧体倦肢懶罷極。即肝痺也。加棗仁二錢。當歸一錢五分。去苡仁紫苑考痺名尚多其方不能盡倫。總在內傷五症中詳治可也。

肢痺

肢痺者。手足拘攣。疼痛多汗。此風寒濕雜合之痺症也。考痺在脉。則血凝不流痺在筋。則屈伸不利。痺在肉。則不仁。痺在骨。則重。痺在皮。則寒。痛者寒也。陽氣少陰氣多也。汗者濕也。陰氣盛。陽氣衰也。多汗者。濕化為熱也。集解治以三痺湯。參芪苓草補氣。芎歸芍地養血。杜仲續斷強筋健骨。桂心牛膝。通脉祛寒。加防風秦艽以勝風濕。細辛獨活以通腎氣。此輔正驅邪法也。

三痺湯

人參	黃芪	茯苓	甘草	當歸	秦艽
川芎	白芍	熟地	杜仲	川牛膝	防風
續斷	桂心	細辛	獨活	生姜	大棗

水煎服除黃芪續斷加桑寄生名獨活寄生湯治肝腎虛熱風濕內攻腰膝作痛冷痺無力屈伸不便

拘痺

拘痺者。項背拘急。身体煩痛。手足冷。腰膝重。按項背拘急風也。腰膝沉重濕也榮衛虛而風濕干之。故身煩肢冷。或頑麻重痛。而舉動艱難也。経曰。營虛則皮膚不知痛痒。而不仁。衛虛。則手足不能運動。而不用。嚴氏治以蠲痺湯。羌活防風。踈風除濕。黃芪甘草。補氣實衛。當歸白芍。活血和營。加薑黃。理血中之氣。入手足而祛寒濕。氣通則血行。血行則風自散矣。如背腿間。忽一二點痛。入骨不可忍者。芫花散敷之。

蠲痺湯

黃芪蜜炒 當歸酒洗 羌活 防風 白芍酒炒

甘草炙 片姜黃酒炒 生姜 大棗

水煎服 芫花散 芫花根為末醋調敷痛處即愈婦人産後有之

胃風表症

胃風者胃虛而風邪入於胃脉也。其症牙緊肢搐。肉瞤面腫。又名風虛。按陽明胃脉。入牙縫。故牙緊。脾主四肢。故肢搐。胃主肌肉。故肉瞤。胃脉營面。故面腫。皆風患也。東垣治以胃風湯。蒼朮燥胃強脾。當歸養陰和血。升麻柴胡升清降濁。葛芷透表生津。羌活藁本開鬱祛風。麻黃蔓荊觧肌通竅。黃柏滋水潤燥。草蔻散滯利氣。甘草培土調中。此治胃風之表劑也。

胃風湯

當歸一錢 白芷一錢 升麻五分 葛根一錢 蒼朮一錢

柴胡五分 黃柏五分 草蔻五分 麻黃三分 羌活五分

蔓荊子五分 藁本五分 甘草炙錢五 生姜一片 大棗一枚

右㕮咀水煎服

胃風裡症

胃風者。風冷乘虛客於腸胃也。其症飱泄注下。完穀不化。及腸風下血。按胃為水穀之海。胃受風氣。木邪尅土。故完穀不化。謂之飱泄。胃為倉廩之官。胃有風濕流入大腸。故腸風下血。謂之濕毒。此風入裡之候也。易老治以胃風湯。人參白朮補氣益衛。當歸川芎養血調營。白芍培土瀉木。粳米育胃調元。茯苓壯脾除濕。肉桂平木驅風。不治風而補氣生血者。以風已入裡。血和則風自滅也。

胃風湯

人參 白朮炒 茯苓 當歸

川芎 白芍酒炒 肉桂炒 粳米各等分

水煎服腹痛加木香

胃風表邪症

胃風狀。頭多汗。惡風食飲不下。鬲塞不通。腹善滿。失衣則䐜脹。食寒則泄。診形瘦而腹大。按胃脉循咽項。受風則頭汗。胃脉循腹裡。受風則善滿。胃主納水穀。受風則氣涌不食。鬲食不通。失衣。則風寒助邪脉絡益濇。故䐜脹。食寒則胃氣虛弱。不能運化。故泄瀉。胃主肌肉。故形瘦。風邪聚胃。故腹大。河間治以大豆蔻丸。羌獨防風去風。陳皮木香調氣。川芎養血。薏仁除湿。肉蔻温中。桔梗行滯。甘草和脾。人參固正。表裡太和。諸症悉退矣。

大豆蔻丸

肉豆蔻五錢 陳皮五錢 獨活五錢 羌活三錢 川芎五錢

人參五錢 甘草三錢 薏仁五錢 桔梗三錢 木香二錢

研末蜜丸桐子大每服四十丸米飲下日三服

脉候

浮弦弦緊屬風寒
浮數浮弦屬風熱
沉濇短脉血凝滞

濡弱無力屬湿邪
沉濇之脉濕在骨
緊濇之脉皮寒皺

弦濇之脉濕在筋
緩弱濇脉必麻木

麻木論

原病式。列麻木症。在六氣燥金諸澁條下。釋之曰。物得濕則滑澤。物得乾則澁滯。麻猶澁也。由津液燥澁。氣滯不通也。河間云。風寒濕著於經絡。遂四肢麻木不仁。古為麻痺是也。丹溪云。麻是氣虛。木是濕痰死血。麻止習習然。尚無氣血攻衝不行之狀。木則氣血已閉。不仁者。莫知痛痒也。東垣云。麻屬真氣衰弱。不能流通四肢遍体。麻木二症。俱在不仁中。法宜分治。然亦有氣血兩虧。但麻不木者。亦有虛感外邪。麻木兼作者。易老謂常木為痰血。間木為濕痰。由此觀之。或受外邪。或因氣弱。或因血燥。以致經絡脈道。氣不踈暢。故成麻木等病矣。素問云。營氣虛則不仁。衛氣虛則不用。營衛俱虛。則不仁且不用。靈樞經云。衛氣不行。則為麻木。治麻木者。其補衛氣歟。按河間以驅邪為主。東垣以補正為主。易老丹溪以先去邪。後補正為主。諸賢治法。雖不相同。而於表裡虛實。輕重淺深。則歸一轍。業醫者。臨其症而明辨之。用其法而變通之。庶幾近焉。

氣血兩虛麻木

麻者。如繩縛初鮮之候。木者。如枯木不知痛痒也。若但麻不木者。此屬氣血兩虛。蓋人以氣血為主。氣行則血行。氣滯則血滯。氣虛則不能暢於經絡。榮於脉道。故習習然肢体皆麻矣。雲林治以加味八仙湯。參苓朮草。補氣生血。芎歸芍地。養血調營。半夏和胃。而通陰陽。桂枝温經。而踈脉絡。柴胡宣氣散結。秦艽益血榮經。羌防利節通關。牛膝舒筋健骨。甘草緩中鮮肌。陳皮理氣導滯。此治氣血兩虛麻木之準繩也。

加味八仙湯

人參六分 白朮二錢 茯苓一錢 甘草炙五分 川芎八分 當歸酒洗八分
白芍酒洗八分 熟地一錢 陳皮八分 桂枝四分 牛膝六分 羌活五分
防風五分 柴胡五分 秦艽六分 半夏曲七分 生姜一片 大棗二枚
水煎服一方加黃芪八分亦治氣血虛兼感風濕者

血虛麻木

血虛者因血燥而虛也其所以燥者因風熱也其症皮膚瘙痒頭面手足麻木按風屬陽邪最能燥血皮膚爲外風所傷鬱於血分則熱矣微熱則痒熱甚則痛痛痒交作而風熱不能外散入於經絡脉道之中輕則麻重則木故頭面手足皆不能和暢矣易老治以清涼飲生地當歸甘溫潤燥黃連黃芩苦寒清熱防風羌活辛散祛風加天麻之辛溫合荊芥細辛之香溫者以通竅白芍之酸寒協川芎甘草之甘溫者以和血此治血虛麻木之準繩也

清涼飲

生地二錢 當歸酒洗錢 川芎一錢 白芍炒一錢 黃連五分 黃芩八分
羌活八分 防風八分 荊芥八分 細辛三分 天麻六分 甘草五分

右㕮咀水煎服

氣虛麻木

氣虛者脾肺虛也其症渾身面目十指俱麻按肺爲氣海統領元陽束筋骨而利關節脾爲厚土長養臟腑資萬物而灌四旁此氣一虛則經絡脉道滯逆不行故通体皆麻矣予材治以加味益氣湯肺爲氣本參麦補肺脾爲肺母芪朮補脾升麻柴胡升清降濁當歸川芎養血調陰陳皮宣滯甘草和中木香香附行經羌活防風利節或加烏藥入脾肺而通竅或加桂枝導脉絡而扶陽此治氣虛麻木之準繩也

加味益氣湯

人參一錢 黃芪炒錢五 白朮炒一錢 當歸酒洗一錢 陳皮五分 桂枝五分
升麻五分 柴胡五分 木香五分 香附八分 川芎八分 防風五分
羌活五分 烏藥六分 麦冬一錢 甘草四分 生姜一片 大棗二枚

㕮咀水煎服

十指麻木

十指麻木者。因倦嗜臥。此熱傷氣也。按手六陰六陽之脉。起於兩手十指之端。若元氣為熱所傷。則經絡脉道之氣。流行不運。遂四肢無力而麻且木矣。所謂熱者。內熱也。實由氣虛所致也。東垣治以黃芪湯。黃芪甘溫固氣。人參甘溫益衛。白芍酸寒斂陰。五味酸鹹滋水。柴胡平苦。引清陽之氣上行而除熱。升麻辛苦引甘溫之藥上達而實表。加生甘草瀉火。炙甘草和中。此補氣生血。十指麻木之繩墨也。

黃芪湯

黃芪八錢 人參五錢 白芍三錢 柴胡二錢
升麻二錢 五味子一百粒 生甘草五錢 炙草二錢

右㕮咀水煎服

口舌麻木

口舌麻木者。或吐痰。或眩運。或目花。或惡心。或頭面遍身麻木。此痰患也。按舌本屬肺。肝開竅於目。舌根屬脾。脾開竅於口。舌尖屬心。心主脉。惡心吐痰者。脾濕也。眩運目花者。肝虛也。口舌及頭面体麻者。脉道不行。總屬痰涎阻滯也。醫源治以止麻消痰飲。痰因火動。黃連黃芩清之。痰由濕生。南星半夏燥之。痰因氣滯。桔梗陳皮利之。痰必生熱。蔞仁茯苓蕩之。痰必迷竅。天麻細辛通之。甘草和之。逐痰涎即所以止麻木也。

止麻消痰飲

黃連 黃芩 南星 半夏 桔梗 甘草
陳皮 蔞仁 茯苓 天麻 細辛

姜一片水煎服 血虛加當歸 氣虛加人參 亦有十指麻木胃中有濕痰者加蒼朮白朮少佐製附子行經

手足麻木

手足麻木。有因於濕者何也。蓋濕屬陰邪。最傷經絡。麻木者。濕滛血脉也。手足

麻木者。以脾主四肢。而濕在脾也。此湿傷氣分。其病在表。法宜疎散。易老治以香蘇飲。蘇葉疎表而祛外邪。香附行裡而消内壅。橘紅利氣。甘草和中。蒼朮燥濕。羌活勝湿。白芷散湿。木瓜去濕。麻黄鮮肌。桂枝通脉。令湿邪漐漐汗鮮。良法也。如感風湿手膊或痛或麻。或遍身麻木者。五積散主之。

香蘇飲

蘇葉　香附　陳皮　甘草　蒼朮

麻黄　桂枝　白芷　羌活　木瓜

水煎服。一方無麻黄有防風

五積散

麻黄五分　桂枝五分　甘草五分　乾姜五分　半夏一錢　蒼朮一錢

茯苓一錢　川芎一錢　桔梗一錢　陳皮五分　白芷八分　香附一錢

白芍酒炒一錢　當歸酒洗千　生姜一片　大棗二枚　厚朴姜炒八分

右㕮咀水煎服

兩腿麻木

兩腿麻木者。其症沉重無力。或多汗喜笑。或口涎身重。或聲語不出。按兩腿沉重者。清陽下陷也。多汗喜笑者。心液外洩也。口涎身重者。脾虛不運也。語聲不出者。肺竅不利。腎水不升也。此氣血虛而下部之脉道不宣。故兩腿麻木也。東垣治以蒼柏湯。五味固氣斂汗。當歸養血榮心。蒼朮燥脾止涎。合藁本以除一身之重。柴胡宣氣暢血。合升麻以升陷下之陽。知母清金。佐黄柏滋水上升。以開聲語。甘草和中。佐黄芪益土生金。以調元氣。加陳皮者。協諸藥以宣五臟也。常服自痊。

蒼柏湯

黄芪三錢　蒼朮四錢　當歸二錢　陳皮五錢　甘草二錢　藁本二錢

柴胡三錢　升麻一錢　黄柏酒炒一錢　五味子一錢　知母酒炒一錢

研末每服一錢水煎空心服

兩脚麻木

兩脚麻木或如火燎者何也。此濕熱下注也。蓋濕者土之氣。土者火之子。濕能生熱。熱亦能生濕。濕熱往〻相生為患。感此邪者。鬱於兩脚經絡之中。致脉道不行。遂麻木而有如火燎者矣。東垣治以三妙丸。蒼朮甘溫辛烈。擬解六鬱。能升胃中陽氣。以除濕熱之下流。黃柏苦寒微辛。堅潤腎燥。能瀉膀胱相火。以清濕熱於下焦。牛膝酸苦性平。強健筋骨。能引諸藥下行。以通血氣之凝滯。去濕熱。即所以止麻木也。

三妙丸

蒼朮 六兩米泔炒　黃柏 四兩酒炒　牛膝 二兩

研末麪糊丸每服三錢空心姜鹽湯下以瘥為度一方用川牛膝

皮膚麻木

丹溪云。皮膚麻木如虫行者。此肺氣不行也。考肺主皮毛。肺為氣海。貫週身皮膚之脉絡。以榮筋者也。氣滯而不榮筋。則附皮膚之氣脉亦滯。滯則麻木如虫行矣。丹溪治以補氣湯。黃芪補氣生陽。白芍行氣斂陰。橘紅調氣通經。甘草益氣和中。肺為腎母。加澤瀉入膀胱而去腎邪。令腎家之清氣上行於肺也。肺氣和。則麻木止矣。

補氣湯

黃芪 一兩　白芍 刃五錢　橘紅 刃五〻　澤瀉 五〻　炙甘草 刃

為末每服一兩水煎服

情鬱麻木

情者。七情也。鬱者。六鬱也。七情六鬱麻木者。婦人常有之。此氣滯也。蓋婦人多氣。而又因思慮傷脾。鬱結傷肝。以致氣滯不能通暢於經絡。故手足麻木矣。醫源治以開結舒經湯。陳皮理氣。蘇葉和血。半夏通陽。烏藥順逆。川芎理氣中之

血。當歸理血中之氣。蒼朮升陽以疎經。桂枝通脉以導絡。羌活利百節。香附開六鬱。南星破結。甘草和中。此治情鬱麻木之一法。

開結舒經湯

陳皮八分 蘇葉八分 香附八分 烏藥八分 川芎八分 蒼朮八分 羌活八分 南星六分 半夏六分 當歸各五 桂枝四分 甘草三分

水煎入姜汁竹瀝各一匙和服

閉目麻木

閉目則渾身麻木。開目則麻木漸止。以致不敢合眼。甚有膈痰不利。煩燥短氣者。此非風邪。乃氣不行也。靈樞經云。開目則陽道行布於周身。閉目則陽道閉而不行。此陽衰陰旺。陰火乘陽。火動於中。氣滞於脉。故閉目麻木。而兼有膈痰等症矣。東垣治以升陽和中湯。參芪白朮補氣。當歸白芍養血。柴胡升麻升清陽上行。茯苓澤瀉令濁陰下降。黃柏滋水。蒼朮燥土。草蔻益胃。陳皮調滞。甘草和中。氣行而麻木止矣。

升陽和中湯

黃芪一錢 炙甘草八分 生甘草四分 人參六分 白芍六分 茯苓五分 澤瀉五分 升麻五分 柴胡五分 當歸四分 陳皮四分 白朮四分 蒼朮四分 黃柏五分酒炒 草豆蔻三分

水煎服一方有佛耳草一錢

痰血麻木

痰者。濕痰也。血者。死血也。濕痰死血。注於經絡。流於脉道。致令身体手足。麻木而不知痛痒矣。其所以流注者。揔由氣逆不行之故。醫林治以加減双和飲。芎歸芍地養血。苓草橘半逐痰。加桃仁甘苦以泄血滞。紅花辛温以破血瘀。白芥子辛温以通經脉。共成利氣燥濕。豁痰化血之良劑。則麻木自已。見症活法變通。庶不失手。

加減雙和飲

川芎一錢 當歸一錢 白芍一錢 地黃一錢 橘紅一錢 半夏一錢
茯苓一錢 甘草五分 桃仁一錢 紅花五分 白芥子一錢

水煎服竹瀝姜汁各一匙和服

遍身麻木不仁

遍身麻木不仁者。皆由氣血兩虛。風濕乘虛。客於經絡。以致氣不領以行於周身。血不隨氣以貫於脉道。則麻木矣。不仁者。謂氣血失其流行本然之體。如私欲蔽其良心。而無天理之不仁矣。醫林治以祛風散送下五補丸。白朮苦溫燥濕。白芷香散去風。川烏辛烈搜風勝濕。甘草甘平益氣生血。研末為散。再用人參黃芪甘溫補陽。當歸白芍辛酸養陰。附子辛熱溫經。通行脉絡。研末蜜丸。以散煎湯送下。此治麻木不仁之一法。

祛風散

川烏蜜煎炒焦三錢 白朮米泔炒三錢 白芷三錢 甘草二錢

研末每服二錢酒水各半煎湯送下五補丸七十粒

五補丸

人參五錢 黃芪蜜炒刃 當歸酒洗三錢 白芍酒炒五錢 附子製三錢

研末蜜丸桐子大每服七十丸祛風散送下

身體不仁

人身以氣血為本。不仁者。因外風入於經絡。留於脉道。氣凝血滯。致肌肉不知痛癢。如草木枯槁。而無生計也。仲景謂之血痺。治以黃芪五物湯。黃芪甘溫。肥腠理以調衛氣。白芍酸寒。斂陰血以和營氣。桂枝辛甘通脉宣陽。姜棗甘辛行津益液。令氣血發榮資長。而身体太和矣。此方不用風藥者。以風能燥血也。其即治風先治血。血和風自滅歟。

黃芪五物湯

黄芪炒五錢 白芍酒炒三錢 桂枝三錢 生姜六錢 大棗三枚

右㕮咀水煎服

渾身不仁

渾身者。或頭。或面。或手臂。或腿。或脚。或左右。或半身也。不仁者。麻木不柔和也。按頭面為六陽之首。不仁則陽氣不升矣。手脚乃脾陰所屬。不仁則陰氣不通矣。或左或右。或半身不仁。則偏枯矣。此風湿入於経絡所致也。東垣治以神效黄芪湯。参芪甘温。補氣鮮肌。白芍苦酸。歛陰和血。陳皮辛温利氣。甘草甘美調中。加蔓荊子之辛苦者。捜風除湿以通竅也。氣血宣暢。不仁者仁矣。其即内经肌痺症歟。

神效黄芪湯

人參三錢 黄芪二錢 白芍酒炒三錢 甘草炙二錢 陳皮五分 蔓荊子五分

右㕮咀水煎服

肌肉不仁

肌肉不仁。内經謂之肉苛。苛者麻木也。此营虚衛實也。营者血也。虚則不仁。衛者氣也。實則不用。不仁不用者。以外之肌肉既枯。内之神志亦敗矣。其危候乎。河間治以前胡散。脾主肌肉。白术補氣健脾。血通皮肉。芎歸養筋活血。寒則凝熱則行。用官桂川椒茱萸入裡以温之。辛則散。温則利。用白芷前胡細辛以和之。加附子通行十二經。引氣血藥以復陽益陰。引鮮散藥以達上走下。用膏以摩之者。取其自外入内。易取效也。

前胡散

前胡两 白芷两 細辛半 官桂两 白术两

當歸两 川芎两 川椒两 吳茱萸两 附子两

右剉片茶酒各一升猪油一斤入藥煎候白芷黄紫色去渣再煎成膏在病處摩之并治諸風瘡痛痒

十指疼痛不仁

十指疼痛不仁者。此寒患也。寒主凝結。凝結則血脉不通。故作痛。寒主肅殺。肅殺則氣道不行。故不仁。其病在十指者。以手經六陰六陽之脉。起於十指之端。寒傷脉之筋絡也。雲林治以木香附子散。附子辛熱通行十二經絡以逐寒。木香辛苦。升降三焦壅滞。以和氣。生姜辛温。行陽分而袪寒發表。宣逆氣而觧鬱調中。暢脾土而通神去悪。氣脉流行。結寒自散。十指榮和矣。

木香附子散

木香 五錢　製附子 五錢

研末每服三錢生姜三片水煎服

面目不仁

陽氣行於面。面不仁者。陽氣不宣也。精氣歸於目。目不仁者。精氣不升也。精陽二氣。皆出五臓六腑之中。面目兩經。皆属一体。耐寒之首。若風邪襲於面之皮膚。客於目之神竅。以致脉絡不和。故不仁矣。東垣治以加味益氣湯。参芪甘温補氣。术草甘苦調中。當歸辛温養血。陳皮辛苦宣滞。升麻辛苦。引陽氣以上行。柴胡平苦。提陽氣之下陥。加桂枝辛甘導脉。羗防辛散袪風。氣暢血和風觧。則面目清爽矣。

加味益氣湯

人參 一錢　黄芪 錢五　白术 一錢　當歸 一錢　甘草 五分　陳皮 五分
防風 五分　柴胡 五分　升麻 五分　桂枝 五分　羗活 五分

右㕮咀水煎服

鬱冒不仁

經曰。諸虛寒而鬱冒不仁。鬱者。抑屈不通也。冒者。冒寐如翳屍也。蓋謂氣血虛弱。不能周流一身。正氣為邪氣所伏。故肢体頑麻。不知痛痒。甚則寒厥如屍。而鬱且冒也。仲景治以桂枝麻黄各半湯。麻黄辛温。去骨節之邪。桂枝辛甘。通經

絡之邪。杏仁辛苦解肌。白芍酸寒和裡。甘草甘平益氣。姜棗調衛和營。用二方各煎合服。此通脉去邪之法也。如不愈。補中益氣加姜汁主之。設或身汗如油。大喘不休者死。

桂枝麻黄各半湯

桂枝錢五 麻黄一錢 杏仁一錢 白芍一錢 甘草一錢 生姜一片 大棗二枚

兩方各煎一盞合一盞和服之

補中益氣湯

人參 黄芪炒 白术炒 當歸 甘草炙

陳皮 柴胡 升麻 姜汁

右㕮咀水煎服

眩運不仁

眩運不仁者。甚症痰涎上壅。口渴引飲。肢体麻木。不知痛痒。此腎虛也。按痰壅者。腎不攝水也。眩運者。腎不納氣也。口渴者。虛火上炎也。麻木者。氣道不舒也。不仁者。血脉凝滞也。東垣治以補中湯。送下地黄丸。參芪益肺。术草補脾。當歸養肝。陳皮宣滯。升柴升清。加麥冬五味以滋化源。更用填腎。山藥濇精。山萸固氣。茯苓滲湿。丹皮和血。澤瀉去邪。此補陽益陰。滋水降火。納氣歸源之法也。

益氣湯

人參 黄芪 白术 當歸 甘草

陳皮 麦冬 五味 柴胡 升麻

右㕮咀水煎服

六味地黄丸

熟地 山萸 山藥 茯苓 丹皮 澤瀉

研末蜜丸每服四錢益氣湯下

脉候

浮濡氣虚関前得之麻在上体関後得之麻在下体

浮緩属湿　浮緊属寒　澁芤属死血

浮洪有力足三陽虧損　浮洪無力三陰虧損

痿躄論

經云。肺熱葉焦。五臟因而受之。發為痿躄。心氣受熱生脉痿。脛縱不任地也。肝氣受熱生筋痿。宗筋弛縱也。脾氣受熱生肉痿。肌肉不仁也。腎氣受熱生骨痿。腰脊痿軟也。治痿獨取陽明者。以陽明為臟腑之海。主潤宗筋。束筋骨而利机関。衝脉者。經脉之海。主灌谿谷。與陽明合於宗筋。陰陽宗筋之會。會於氣衝。而陽明為之長。皆屬於帶脉。而格於督脉。陽明虛。則筋縱不收。帶脉下引。足痿不用也。難經云。東方實。西方虛。瀉南方。補北方。東方肝木也。西方肺金也。南方心火也。北方腎水也。肺金體燥居上。主氣畏火。脾土性濕居中。主四肢畏木。蓋火性炎上。若水失所養。火寡於畏而侮所勝。肺得火邪而熱矣。木性剛急。若金失所養。木寡於畏而侮所勝。脾得木邪而傷矣。肺熱則一身不能管攝。脾傷。四肢不能為用。而諸痿作矣。瀉南方。則肺金清。而東方不實。何脾傷之有。補北方。則心火降。而西方不虛。何肺熱之有。故陽明實。則宗筋潤。而骨節机関皆利矣。此治痿之法也。其中又有濕熱混痰。氣虛血虛瘀血等症。學者其盡心乎。

肺熱痿躄

肺為五臟之華蓋。五臟因肺熱葉焦。發為痿躄。肺主皮毛。肺熱則色白毛敗。其所以痿躄者。以肺為氣海。統領周身之元氣。束筋骨而利関節者也。肺葉一焦。則通體氣虛。故痿躄矣。痿者。痿頓也。躄者。兩足俱廢也。準繩治以黃芪百合湯。黃芪固肺。麦冬保肺。山藥補肺。百合斂肺。杏仁潤肺。黃芩清熱。山梔降熱。桔梗瀉熱。石斛平熱。加犀角涼心。使火不爍金。通草行經。使熱邪下利。秦艽養血榮筋。此治肺熱痿躄之權衡也。

黃芪百合湯

黃芪　百合　麦冬　山藥　杏仁　黃芩
山梔　桔梗　石斛　犀角　通草　秦艽

右㕮咀水煎服

心熱痿躄

心為君主。肺為相傳。肺熱則心氣亦熱矣。心主脉。熱則下脉厥上。厥上則下脉虛。虛則脉痿樞折。脛縱無力。甚致胞絡受傷。陽氣內動。下行溲血。大經空虛。傳為痿躄矣。準繩治以清心飲。鉄粉銀屑龍齒鎮心。黃連牛黃丹皮犀角清火。胆草青皮瀉肝安肺以寧心氣。苦參薢皮利竅通閟以導血脉。加秦艽益陰榮筋以祛內邪。此治心熱痿躄之權衡也。

清心飲

鉄粉　銀屑　龍齒　黃連　牛黃　犀角
胆草　青皮　苦參　白蘚皮　秦艽　丹皮

右㕮咀水煎服

肝熱痿躄

肝為將軍。胆為中正。相為表裡者也。肝熱則胆泄口苦筋膜耗急。以肝主筋也。其所以痿躄者。皆由思想無窮。所願不得。意淫於外。入房太甚。以致宗筋弛縱而發為痿躄矣。準繩治以涼肝飲。生地天冬滋水以生肝。百合紫葳清金以除肝熱。蒺藜杜仲。益腎強筋。牛膝兔絲。充精健骨。萆薢去濕。能補肝虛。防風祛風可疎肝氣。加黃連黃芩。涼血鎮肝。此治肝熱痿躄之權衡也。

涼肝飲

生地　天冬　百合　紫葳　黃連　白蒺藜
杜仲　牛膝　萆薢　防風　黃芩　兎丝子

右㕮咀水煎服

脾熱痿躄

脾為倉廩之官。胃為水穀之海。兩相表裡者也。脾熱則胃乾口渴。肌肉不仁。以脾主肌肉也。其所以痿躄者。因身處濕地。內經所謂以水為事。皮肉濡漬。痺而不仁。發為痿躄是也。準繩治以蒼白二陳湯。蒼朮辛烈。燥濕強脾。白朮苦甘。生

津益胃。茯苓甘淡和中。甘草甘平調氣。半夏辛滑。利水而通陰陽。陳皮辛温。散滞而宣臟腑。煎湯入霞天膏和服。脾強則熱自解。此治脾熱痿躄之權衡也

蒼白二陳湯

蒼术 白术 陳皮 茯苓 半夏 甘草

右㕮咀水煎服

霞天膏

黄牛肉 五十觔

水熬去渣再熬膏

腎熱痿躄

腎為先天之根本。在五行屬水。在八卦屬坎。腎熱則腰脊不舉。骨枯髓涸。發為骨痿。以腎主骨也。其所以痿躄者。皆因遠行勞倦。逢大熱而渴。渴則陽氣内伐熱舍於腎。腎者水也。水不勝火。故骨髓枯竭。足不任身。遂成痿躄矣。準繩治以加味四斤丸。虎骨兎絲。健脛骨以強筋。加。鹿茸牛膝。治痿躄以益腎肝。肉蓯蓉補命門以填精髓。血木瓜収氣脱以去熱邪。五味子生津液以滋化源。加熟地補水。天麻利脉。此治腎熱痿躄之權衡也

加味四斤丸

虎骨 牛膝 天麻 鹿茸 熟地

肉蓯蓉 兎絲子 血木瓜 五味子

研末酒丸桐子大每服三錢塩湯下金剛丸亦主之

金剛丸

乾蓯蓉 酒洗 兎絲子 酒浸 杜仲 萆薢 各等分

研末豬腰子煮搗為丸每服五錢

湿熱痿躄

痿躄有喘促口渇便秘。胸满頭眩。肢重体痛者。此肺金受湿熱之邪也。按湿熱

填於膈中則胸滿。壅於胃府則食少。升於上則頭眩。注於身則体重。走於關節則身痛。肺受火傷。天氣不降則喘促。膀胱絶其化源。則口渴便秘。肺為相傳之官。治節出焉。火盛尅金。肺葉枯焦。氣無所主。失其治節。故諸症作而成痿躄矣。東垣治以清燥湯。参芪補氣。二朮燥濕。苓草健脾。橘曲化滯。麦冬五味保肺。當歸生地滋陰。連柏去熱。升柴升清。苓瀉降濁。喻云燥與濕相反者也。方名清燥而以除濕為務。非東垣不能達此。

清燥湯

人参 三分 黄芪 錢五 白朮 炒五分 茯苓 三分 麦冬 五分 五味子 九粒
生地 二分 當歸 酒洗二分 黄連 炒一分 黄柏 酒炒三分 猪苓 二分 澤瀉 五分
柴胡 二分 升麻 三分 神曲 三分 橘紅 五分 甘草 炙二分 蒼朮 一錢

水煎服研末和服亦可

風濕痿躄

痿躄有兩脚腫痛。足脛枯細。名鶴膝風者。有病後脚弱緩痛。不能步履。名軟風者。此風濕挾虚之候也。按腎主骨。脚腫脛細者。腎水内虧也。肝主筋。脚弱緩痛者。肝血不足也。肝腎兩虚。風濕乘之。故痿躄也。河間治以大防風湯。参芪朮草補氣。生精地芍芎歸。栄経養血。杜仲強筋健骨。牛膝益腎滋肝。加附子通十二經以去濕。羌活防風利百節以祛風。姜棗調営和衛。正氣充。邪氣自祛矣。此治痿躄之聖方也。五子益腎養心丸亦主之。

大防風湯

人参 五分 黄芪 一錢 白朮 錢五 甘草 炙五分 當歸 一錢
熟地 一錢 白芍 酒炒一錢 川芎 七分 杜仲 一錢 杜仲 一錢
羌活 五分 防風 一錢 製附子 六分 生姜 一片 大棗 二枚

右㕮咀水煎服

五子益腎養心丸

枸杞子四兩 覆盆子二兩 栢子仁二兩 兎絲子酒炒二兩 白茯苓二兩 澤瀉二兩
大熟地八兩 山萸肉四兩 懷山藥四兩 粉丹皮三兩 沙苑蒺藜炒二兩
研末斑龍膠六兩和蜜熬化為丸每服四錢鹽湯下

血虛痿躄

血虛有四肢軟弱。不能舉動者何也。蓋血因氣生。氣為血本。脾統血而主四肢。肺主氣而周全体。氣虛則血虛。血虛則筋骨失其榮養。故軟弱痿躄矣。丹溪治以加味四物湯。人參補氣。芎歸益血。蒼朮強脾。麦冬保肺。黃柏知母滋水生木。白芍熟地。培腎養肝。杜仲強筋健骨。牛膝通脉填精。加黃連之苦寒者。以血熱則燥。清其熱。潤其燥。即所以補其虛也。丹溪誠善於滋陰者乎。

加味四物湯

人參五分 當歸一錢 麦冬一錢 五味子九粒 熟地三錢
白芍酒炒錢 杜仲錢五 牛膝一錢 黃柏一錢 知母一錢
蒼朮一錢 黃連五錢 川芎五分
右㕮咀水煎服

氣虛痿躄

氣虛有兩足痿躄。久卧床褥者何也。此骨痿也。蓋肺屬金。腎屬水。金能生水。子母臟也。肺主氣。腎主骨。氣虛不能生血以榮筋骨。則骨痿足軟矣。丹溪治以介壽丸。鹿角純陽。通督脉而填精益髓。龟板至陰。通任脉而補腎交心。虎骨辛热健骨。牛膝酸苦強筋。兎絲辛甘助脉。白朮人參。甘温固氣。當歸熟地。温潤養血。杜仲甘温。堅腎充肝。茯苓甘淡。調營和衛。此治氣虛骨痿之聖方也。

介壽丸

龟板一兩 鹿角膠十九兩 虎骨酥炙一兩 牛膝酒炒二兩 兎絲子酒炒二兩 茯苓二兩
人參二兩 白朮炒二兩 熟地八兩 當歸酒洗二兩 鹿角霜八兩 杜仲鹽水炒二兩
研末酒化鹿膠為丸每服四錢空心姜鹽湯下

氣血兩虛痿躄

痿躄有因氣血兩虛者。此肝腎虧損也。肝主筋。腎主骨。肝為血海。腎為水臟。揔賴肺氣統領周身之血。束筋骨而利關節者也。若肺氣耗散。肝血燥熱。腎水枯竭。金不生水。水不生木。筋骨衰敗。遂痿躄矣。澹寮治以五獸三匱丹。虎脛骨辛能健骨。麒麟竭甘可補肝。鹿茸甘溫。生精益髓。枸脊甘苦。利節通關。牛膝苦酸強筋活脉。木瓜酸濇。收氣和滯。加附子辛熱行經。辰砂甘寒養腎。此治氣血虛損。痿躄之要方也。

五獸三匱丹

虎骨酥炙　鹿茸酥炙　牛膝　枸脊　麒麟竭各等分

附子一個　辰砂一兩　木瓜一箇

将附子一箇去皮臍剜空入辰砂末於内木瓜一箇剜空将附子入木瓜内仍将剜附子末盖口上外用絹扎緊放磁罐中重湯煑極爛将五獸研末搗附子木瓜為丸雞頭大每服一丸木瓜酒下十全大補湯下亦主之

寒濕痿躄

寒濕痿躄者。腰脚緩弱。此筋血不足也。寒為陰邪。濕為水氣。寒傷筋。濕傷血。血虛而寒濕入於筋脉。遂腰脚無力而痿躄矣。楊氏治以五觔丸。虎骨辛熱。追風勝濕以健骨。牛膝苦酸。通脉活血以榮筋。肉蓯蓉甘鹹。益髓以強腰脚。川烏頭辛熱。開結以逐沉寒。天麻辛溫。入氣分以益氣。木瓜酸濇。入血分以和血。沒藥平苦。行經。山藥甘淡。補陰。寒濕散。筋血和。痿躄自愈矣。黒虎丹亦主之。

五觔丸

虎骨酥炙另　牛膝酒浸一斤　木瓜一斤　肉蓯蓉酒浸晒乾一斤

沒藥去油另　山藥四兩　天麻炒一斤　川烏蜜水拌炒焦另

将木瓜搗爛和酒浸牛膝酒同諸藥末為丸每服五十丸酒鹽湯下

黑虎丹

黑豆半升 虎骨丆 牛膝丆 白朮一兩 羌活五錢 五加皮一兩
肉桂五錢 附子炮五錢 黃芪一兩 茯苓一兩 白芍一兩 蒼朮丆五錢
熟地一兩 烏藥一兩 杜仲二兩 當歸二兩 白蒺藜丆五錢

研末麪糊爲丸每服五十丸空心塩酒下

骨軟痿躄

骨軟痿躄者。腰膝疼痛。遍身瘙痒。症名軟風。按腎主骨。腰膝者。腎之府也。骨軟無力。腎將憊矣。瘙痒者風也。骨軟疼痛。而遍身瘙痒者。風入腎臟也。法宜固腎祛風爲主。醫林治以烏牛丸。何首烏苦堅腎。溫補肝。添精益髓。養血疎風。淮牛膝苦入腎。酸走肝。健骨強筋。舒經通脉。皆治腰膝骨痛。勞瘦風虛之妙品也。各用酒浸。研末蜜丸日服無間。令氣血太和。筋骨自壯。良法也。

烏牛丸

何首烏一斤酒浸七日晒干 淮牛膝一斤酒浸七日晒干

研末煉蜜爲丸如桐子大每服三錢空心酒下白湯下亦可

兩足痿躄

兩足痿躄者。肝腎不足也。腎主骨。肝主筋。肝腎兩虛。則筋骨不健。其所以虛者皆由肺葉熱焦。不能統固周身之筋骨。以致金不生水。水不生木。肝血燥熱。腎水枯涸。故兩足痿躄矣。雲林治以人參鹿茸丸。人參甘溫。峻補肺經元氣。益土生金。添精神而開心智。通血脉而固真陽。鹿茸鹹熱。大補腎肝津血。益火生土。塡精髓而堅筋骨。助陽強而養真陰。妙法也。

人參鹿茸丸

人參一兩 鹿茸一兩

研末爲丸每服三錢空心開水下用參茸各三錢水煎服更速於丸

腎虛痿躄

腎虛痿躄者。腰膝酸痛。兩足無力。此風濕乘虛客於腎之脉絡也。按腎為水而主骨。腰膝兩足。俱屬腎經。酸痛者。風濕作祟也。無力者。筋骨不堅也。水虧骨軟濕積風淫。故痿躄也。河間治以起痿丹。兎絲子辛甘。強陰固氣。蓯蓉鹹溫益髓塡精。破故紙辛苦而補命門。且通君火。胡蘆巴溫苦而煖丹田。更壯元陽。沙蒺藜溫苦。以治腰疼。川杜仲辛甘。以充胃痿。枸杞甘寒滋水。牛膝酸苦通脉。加萆薢甘苦者。去濕以利関節。防風辛甘者。袪風以疎經絡。王道也。

起痿丹 即煖腎丸

兎絲子 酒洗一兩　肉蓯蓉 酒洗晒干一兩　川萆薢 二兩　破故紙 酒炒一兩　杜仲 酒炒一兩
胡蘆巴 酒洗一兩　沙蒺藜 酒炒一兩　川牛膝 二兩　枸杞 酒浸二兩　防風 酒洗一兩

研末酒煮猪腰子搗和丸每服三錢空心酒下一方去枸杞加桂減半

足膝痿躄

足膝痿躄。有陽事不擧者。此腎虛也。考人之百髓四体。五臓六府俱成於母腹之中。惟牙齒與兩膝。長於生後一週之內。盖腎主骨。齒乃骨之餘。膝乃骨之節也。腎虛則膝軟。膝軟則兩足無力矣。陽事不擧者。以外勢屬腎虛。則虛俱虛。故不僅足膝痿躄已也。丹溪治以虎潛丸。參芪苓朮補氣。歸芎熟地補血。山藥益精。以知母黃柏滋水。牛膝虎骨。健骨強筋。故紙杜仲。固腰堅膝。加亀板養陰益腎。以通經脉。足膝壯。陽事其起痿乎。

虎潛丸

人參　虎骨 炙　牛膝 酒浸　亀板 炙　當歸 酒洗
黃芪 酒炒　熟地　白朮 炒　白芍 酒炒　故紙 酒炒
茯苓　山藥　杜仲 姜酒炒　黃柏　知母 酒炒各等分

研末蜜丸每服三錢空心酒下一方無山藥茯苓有陳皮乾姜附子

足熱痿躄

兩足痿躄。或如火熱。自下衝上者。此濕熱也。經云。風從上受之。濕從下受之。濕

山藥　　黃
白朮　　半夏　　黃　　人參

化為熱。其氣上行脉中。故如火。足為湿困。其熱凝滞不散故痿弱。且湿勝則傷筋。熱勝則傷血。筋血兩傷。遂痿躄也。東垣治以蒼柏丸。蒼术黄柏燥湿清熱以堅腎。牛膝虎骨。強筋健骨。以通經。當歸活血。龟板養陰。加防已行十二經絡。以瀉下焦血分之濕熱。良法也。

蒼柏丸

蒼术 四兩　黄柏 酒浸四兩　當歸 二兩　虎骨 炙一兩

牛膝 酒浸一兩　龟板 一兩　防已 一兩

研末麪糊為丸桐子大每服二錢姜盐湯下一方加附子五錢

諸痿症

經云。諸痿生於肺葉焦。以肺為氣海。統領周身。束筋骨而利関節者也。氣虚則如草木之根痿矣。而治痿獨取陽明胃者。以陽明主潤宗筋也。難經云。瀉南方之心火。使火不燥金。金能生水。而金得肅清以和筋骨。補北方之腎水。使水能生木。木不尅土。而土得發榮以生肺氣。如是則宗筋潤而諸痿愈矣。丹溪治以參歸養血湯。參苓芪术補氣。歸芎地草補血。知母黄柏滋水清火。牛膝杜仲。健骨強筋。陳皮和滞。故紙壮陽。此治諸痿之绳墨也。

參歸養血湯

人参　黄芪 酒炒　白术　甘草　白芍 酒炒

生地　當歸 酒洗　茯苓　陳皮　知母 酒炒

牛膝 酒炒　杜仲 姜汁炒　黄柏 汁炒　破故紙 酒炒各等分

水煎服肥人氣虚有痰加半夏瘦人血虚有火倍當歸湿重加防已

濕痰痿躄

濕痰痿躄者。身重脚軟痠痛。按湿属陰邪。湿化為熱。熱積生痰。痰凝氣滞注於経絡。則身重。流於下部。則疲軟。且熱勝傷血。血不榮筋。則耎短而拘。湿勝傷筋筋不束骨。則弛長而痿。痰勝傷氣。氣不通脉。則疲痛而軟矣。潔古治以二妙二

陳湯。半夏辛滑逐痰。橘紅辛温理氣。茯苓甘淡滲湿。甘草甘美和中。合蒼朮辛烈。燥湿開鬱。黄柏苦寒。除湿清熱。此治湿痰痿躄之繩尺也。

二妙二陳湯

蒼朮米泔炒一錢　黄柏酒浸炒一錢　橘紅一錢　茯苓一錢
半夏一錢　甘草五分　竹瀝一匙　姜汁一匙

右㕮咀水煎服

死血痿躄

死血痿躄者。膝軟脚痛。或紅腫。或麻木。按氣領血行而筋骨榮。氣滯血於而筋骨強。膝軟者。血凝不流也。脚痛者。血結不通也。或腫或木者。血死無生氣也。伯仁治以加味四物湯。當歸辛温活血。白芍苦酸調血。川芎辛温理血。熟地甘温養血。加桃仁甘苦。潤燥去瘀。紅花苦辛。行血止痛。更用川山甲之醎寒者。以其穴山寓水。出入陰陽。貫穿經絡。宣達営分。破結而散邪也。死血活。則痿躄自愈矣。

加味四物湯

熟地　當歸酒洗　川芎　白芍酒炒
桃仁　紅花　川山甲

水煎服一方有香附延胡索

實熱痿躄

實熱痿躄者。六脉有力。飲食若常。按痿症多屬氣血兩虛。惟實熱致痿者。屬飲食内蒸。積於大腸。心陽獨亢。病名脉痿。盖心主脉。脉道為飲食之積熱所滞。故六脉有力而痿躄也。士材治以調胃承氣湯。熱滛於内。用芒硝醎寒者以清之。積聚於中。用大黄苦寒者以蕩之。中土不和。用甘草甘平者以調之。下後手足舒展。其積熱猶未盡除。更用三黄丸。以人參湯送下。如積熱盡矣。熬三才膏調養。此治實熱痿躄之一法。

調胃承氣湯

調胃承氣湯

大黃酒浸三錢 芒硝二錢 甘草炙五分

水煎少々温服

三黃丸

大黃酒蒸八兩 黃連一斤 黃芩一斤

研末蜜丸每服四錢人參湯下

三才膏

天冬 地黃 人參各等分

熬膏每服一匙開水下

胃虛痿躄

胃為水穀之海。脾為倉廩之官。主四肢而灌四旁。生氣血而養筋骨者也。若胃土空虛。脾元不運。無飲食之精華。榮百骸之脉絡。則氣血筋骨俱衰敗而成痿躄矣。中梓治以藿香養胃湯。人參白朮。甘溫以補脾臟之虛。甘草茯苓。平淡以和胃府之氣。藿香辛溫開胃。砂仁香竄醒脾。畢澄茄辛熱而煖胃陽。薏苡仁甘平而培脾土。烏藥辛散。能疎胸腹。半夏辛滑。能協陰陽。加神曲甘溫宣暢中焦之穀食。姜棗辛甘。調和表裡之營衛。胃強脾壯則通体太和。而痿躄自痊矣。

藿香養胃湯

藿香錢五 白朮土炒錢五 人參錢五 茯苓錢五 甘草炒一錢 薏苡仁錢五

半夏錢五 砂仁錢五 神曲錢五 烏藥一錢 畢澄茄一錢

姜三片棗二枚水煎服

下虛痿躄

下虛者。肝腎兩虛也。肝主筋。腎主骨。肝虛則筋痿。腎虛則骨痿。肝為血海。法宜補血榮筋。腎為水臟。法宜滋水堅骨。丹溪治以虎龜丸。白朮甘草陳皮。益氣生血。當歸白芍生地。養肝和筋。黃柏龜板五味。滋水固腎。虎脛兎絲牛膝。培腎健

骨。瑣陽補陰益精。茯苓調營和衛。乾姜利節通陽。河車壯氣充血。此治下虛之痿躄之要方也。他如神龜丸腎肝丸俱可選用。臨症其變通乎。

虎龜丸

虎骨酒炙一两 龜板酒浸刃 牛膝酒炒刃 兔絲子酒炒刃 白术炒刃
甘草炙二錢 當歸酒浸刃 白芍酒炒刃 白茯苓五錢 陳皮一两
生地酒煮一两 黄柏炒一两 五味子三錢 瑣陽酒浸刃 乾姜七錢

研末煮紫河車一具搗和丸每服五錢酒下

神龜丸 蕭炳

龜板酒炒四两 黄柏酒炒二两 知母酒炒二两 枸杞子一两
瑣陽酒浸一两 乾姜五錢 五味子一两

研末猪脊髓搗和丸每服五錢酒下

腎肝丸 東垣

生地 當歸 苦參炒 防已
肉桂 柴胡 附子炮 羌活

研末水疊丸每服三錢開水下

脉候

舉要云尺脉虛弱緩濇而緊病為痿躄

脚氣論

考脚氣病。上古未有。漢時稱為緩風。自晉稱為脚氣。此濕熱在足而作氣痛也。濕勝則令人憎寒。熱勝則令人壯熱。湿熱分争。寒熱交作。狀類傷寒。但所異者。卒然脚痛。或因他病始發。然亦有頭痛者。其症足內踝骨紅腫痛者。名遶踝風。足外踝骨紅腫痛者。名穿踭風。兩膝紅腫痛者。名鶴膝風。兩腿胯痛者。名腿股風。兩脚背腫痛者。名濕脚氣。不腫而痛者。名乾脚氣。又有緩縱不隨。名緩風者。又有疼痛不仁。名濕痺者。又有轉筋攣急。名風毒者。醫者其辨症乎。按西北人。風寒凛冽。慣飲醲酪。加以辛辣太過。恣飲寒水。下注而成脚氣者。此內傷所致也。東南人。地熱卑下。山澤霧露。加以坐卧湿地。陰邪乘虚。下注而成脚氣者。此外感所致也。病有內外。治有表裡。不可大補。亦不可大瀉。如蒼朮白朮治湿。知母芩柏治熱。芎歸散血中之氣。犀角利氣中之血。或加靈仙利氣。或加羌獨祛風。或加艽牛通脉。大法如此。經云。濕淫所勝。治以苦温。東垣師以苦寒清湿熱。佐以苦辛透関節。立當歸拈痛湯。乃療脚氣之繩尺也。要在學者。變化其法耳。凡脚氣攻心。大喘不休。嘔吐不止。皆死。以水犯火也。他如肝腎兩虚而致脚氣者。又當治以滋陰方藥。通變行之。豈可泥痛無補法哉。

濕熱脚氣

脚氣有遍身肢節煩痛。肩背沉重。胸腸不利。足脛浮腫者。此湿熱也。按湿熱逆於中焦。故胸腸不利。滯於經絡。故身背肢痛。注於下部。故足脛浮腫。而成脚氣矣。東垣治以當歸拈痛湯。羌活防風蒼朮勝湿祛風。通関利節。黃芩知母苦參清熱除湿。行氣開胸。人參白朮甘草固正去邪。生津通脉。升葛升清。澤瀉猪苓降濁。當歸養血。加茵陳協諸藥發汗利水。以泄太陰陽明之湿熱。良法也。

當歸拈痛湯

當歸一錢 羌活一錢 防風一錢 蒼朮一錢 知母一錢
黃芩五分 苦參一錢 人參一錢 白朮一錢 升麻五分

葛根 五分 澤瀉一錢 猪苓一錢 甘草一錢 茵陳一錢

右㕮咀水煎服

寒熱脚氣

脚氣有憎寒壯熱者。此濕熱在足也。蓋濕勝則憎寒。熱勝則壯熱。濕熱相爭則寒熱交作。法宜清熱利濕為主。準繩治以防已飲。蒼朮辛烈燥濕。黃柏苦寒除熱。芎地和血中之氣以去濕。犀角利氣中之血以去熱。諸濕屬脾。用白朮溫苦以補之。諸熱屬火。用甘草甘平以緩之。諸濕屬水。用木通平苦以洩之。諸痛屬氣。用防已辛苦以通之。此治濕熱傷血之法也。濕熱解。血脉和。脚氣自愈矣。

防已飲

蒼朮 鹽水炒 白朮 黃柏 酒炒 木通 川芎

生地 酒炒 犀角 防已 甘草稍

水煎服一方有靈仙

寒濕脚氣

寒濕脚氣。疼痛不仁。兩尺脉沉遲。此痺症也。內經云。寒氣勝者為痛痺。濕氣勝者為着痺。疼痛不仁者。寒且濕也。兩尺沉遲者。寒在裡也。又謂之寒濕脚氣。三因治以六物附子湯。桂附辛熱逐寒。蒼朮辛溫燥濕。甘苓甘淡。脾家藥也。扶土氣之不足。制濕氣之有餘也。防已辛苦。膀胱藥也。通腠理之經絡。瀉太陽之水濕也。合煎冷服。欲桂附之性直行於下。不欲其橫逆於上也。立方用法。妙矣哉葫蘆巴丸亦主之。

六物附子湯

製附子一錢 桂心一錢 防已四錢 蒼朮三錢 茯苓三錢 甘草炙一錢

水煎冷服

葫蘆巴丸

葫蘆芭 酒浸一宿焙 破故紙 炒各四兩

研末用大木瓜一枚切頂細去穰放藥末在内盛満用頂盖之麻繩扎
緊蒸爛搗丸每服三錢空心酒下

風濕脚氣

脚氣有肢節緩縱。疼痛不能步履者。此風湿也。按風為陽邪。湿為陰氣。風凝肢節。而湿又乗之。湿流経絡。而風又客之。以致脉道不行。遂緩縱不収。足不任力。而患風湿之脚氣矣。全善治以七聖散。防風辛温散滞搜風。獨活苦温祛風勝湿。萆薢甘苦。去風寒湿以固下焦。牛膝苦酸。治筋絡衰以療脚瘘。杜仲甘温。充補腎肝。續断苦温。宣通血脉。加甘草味甘性平者。行十二経以益三焦之元氣。風散湿除。脚氣痊矣。

七聖散

防風 獨活 甘草 杜仲
牛膝 萆薢 續断

研末每服三錢酒和下

風熱脚氣

脚氣有踝上焮熱赤腫。寒熱如瘧。自汗悪風者。此三陽経之風熱夾湿也。按寒熱属太陽。自汗属陽明。如瘧属少陽。風熱入於三陽之経絡。注於脚踝之脉道。湿則腫。熱則痛矣。活人書治以加味人参敗毒散。羗活獨活。祛風去湿。柴胡散熱升清。前胡行痰降氣。川芎養血和陰。桔梗茯苓。滲湿消腫。人参甘草。輔正匡邪。加蒼术燥湿開鬱。大黄瀉熱蕩滞。風熱散。則腫痛平。若舌乾者。加黄芩。膚痒者。加蝉蜕。活法也。

加味人参敗毒散

人参 茯苓 甘草 桔梗 柴胡 製軍
前胡 羗活 獨活 川芎 蒼术

研末每服五錢水煎服一方加薄荷生姜

痛腫脚氣

脚氣初發。有一身盡痛。或肢節腫痛。便溺阻隔者。此湿入氣血兩分也。按身痛肢腫者。湿傷血也。便溺阻隔者。湿傷氣也。湿入太陽積於陽明氣血不通。故見此等脚氣症矣。伯仁治以羌活導滞湯。羌活辛温。利太陽百節之痛。獨活温苦。搜少陰伏匿之邪。取風藥以燥湿也。當歸辛温補血中之氣。防已辛寒。利血中之湿。取血藥以和陰也。加大黄苦寒。枳實苦酸。不但通便溺之阻塞。亦且蕩氣血兩分之湿熱也。用此方導滞後。継以當歸拈痛湯調之。

羌活導滞湯

羌活 一錢 獨活 一錢 防已炒一錢 當歸 一錢 大黄酒浸錢五 枳實炒一錢

右㕮咀水煎服

當歸拈痛湯

羌活 一錢 茵陳 一錢 當歸酒洗五分 防風五分 知母 五分

澤瀉 五分 猪苓 五分 白术 五分 人參 四分 苦參 五分

升麻 四分 葛根 四分 蒼术 四分 黄芩酒炒一錢 甘草 一錢

右㕮咀水煎服

腰痛脚氣

腰痛連脚痛者。此濕氣攻注也。腰為腎府而主骨。脚得血足而能行。腰脚因湿邪所傷。以致血脉不榮。筋骨不利。故腫痛不能步履矣。予材治以没藥散。没藥辛平。入十二經絡。散結滞以消腫。延胡辛苦。入手足陰经。調氣血以定痛。當歸辛温。活血養筋。杜仲甘温。補腎堅骨。萆薢甘苦。去湿祛風。並通関節。肉桂辛甘。益火生土。且宣血脉。此治湿攻腰脚之一法。若兼風而痛不可忍者。止痛散主之。

没藥散

没藥去油等分 當歸等分 肉桂等分 延胡索炒等分 萆薢等分 杜仲酒炒二等分

研末每服三錢空心酒下一方有乳香

止痛散

乳香去油 沒藥去油 天麻 白附子 殭蚕各等分

研末每服二錢空心酒下

浮腫脚氣

脚氣有浮腫者。此濕淫於脉也。蓋濕則腫。腫則浮。浮屬肌肉受傷。經絡不和。筋骨無力。氣血凝滯。故脚痛不能任地矣。廷賢治以靈仙蒼柏湯。威靈仙辛溫行氣。漢防已辛苦通經。五加皮苦辛祛風勝濕。療筋骨之拘攣。以牛膝酸苦。利脉散血。治腰膝之痿頓。蒼术辛烈燥濕開鬱。黄柏苦寒。除濕強陰。獨活辛苦。入腎以治濕痺。當歸辛溫。入肝以和筋脉。加生姜之辛辣者。以行陽。清酒之甘溫者以活絡。此治脚氣浮腫之法也。

靈仙蒼柏湯

威靈仙一錢 川牛膝酒洗一錢 蒼术錢五 黄柏益酒炒一錢 生姜三片

五加皮錢五 漢防已一錢 當歸酒洗一錢 獨活錢五 清酒一杯

㕮咀水煎服

痠痛脚氣

痠痛脚氣者。飲食無味。耳焦目昏。皮膚枯燥。精神耗散。按飲食無味者。心脾虛也。耳焦目昏者。肝腎虛也。皮膚枯燥者。肺氣虛也。此風濕乘虛客於經絡。注於脚膝。故痠痛也。陶隱君治以地仙丹。參芪苓术。補肺益脾。烏薢羌防。順氣利節。首烏覆盆兎絲牛膝。堅腎強肝。骨碎甘草蓯蓉枸脊。榮筋健骨。加川烏走表。附子溫經。地龍活血。川椒助陽。南星燥濕。白附祛風。更加赤小豆以治脚氣。真仙丹也。考此方。編入道藏經中。用之當自通神矣。

地仙丹

黄芪炒两 炙甘草一两 人参一两 白术二两 茯苓一两 首烏二两

覆盆子二两 兎絲子酒炒两 骨碎補炒两 枸脊去毛两 蓯蓉酒洗干四两 牛膝酒炒四两

川烏炮一兩 附子炮一兩 白附子炮一兩 萆薢二兩 川椒去目炒 地龍焙三兩
南星炮一兩 羌活一兩 防風二兩 烏藥二兩 赤小豆二兩
研末酒煮麵糊為丸桐子大每服四十丸空心酒下日三服並治一切
風疾身痛瘦軟

瘦軟脚氣

瘦軟脚氣者。兩腿足跟。或赤腫。或痛痒。或如皴裂。或日晡夜半脹熱。按赤腫痛痒者。濕熱也。皴裂夜脹者。陰虧也。此肝腎兩虛。濕熱乘陰虧而入於經絡。故瘦軟無力矣。仁齋治以升陽補陰丸。參芪朮草益氣。歸地丹皮養血。升麻柴胡令清陽上升。茯苓澤瀉。令濁陰下降。山萸山藥。固氣濇精。肉桂附子。溫經導脉。加陳皮協諸藥以宣五臟。肝腎充。則筋骨強。氣血和。則濕熱散。此治瘦軟脚氣之法也。

升陽補陰丸

黃芪炒 人參 白朮 甘草 當歸
升麻 柴胡 陳皮 熟地 山萸
山藥 茯苓 丹皮 澤瀉
研末蜜丸每服三錢空心酒下

虛冷脚氣

脚氣有虛冷腫痛。腰膝經年不能動履者。此風寒濕也。按風濕注於經絡則腫。寒濕凝於脉道則痛。腫痛經年。則氣虛。虛則冷痹而腰膝不利矣。總因肝腎兩虧所致也。三因治以獨活寄生湯。獨活細辛。入少陰。通血脉。合秦艽防風。疎經升陽以祛風。桑寄生和氣血。除寒濕。合杜仲牛膝。健骨強筋。以固下。芎歸芍地。活血養陰。參桂草茯。益氣生陽。血氣足而風邪散。寒濕除。則肝腎強。而脚氣愈。腰膝健矣。

獨活寄生湯

獨活　桑寄生　秦艽　防風　細辛
當歸　白芍　川芎　熟地　杜仲
牛膝　人參　茯苓　肉桂　甘草
研末每服四錢酒調下除寄生加羗活續断治同

熱痒脚氣

脚氣有兩足心發熱作痒。洗以滚湯。肌膚出水。又兼口渴吐痰者。此脾腎兩虛之候也。按脾屬足太陰。腎屬足少陰。口渴者。脾土不潤也。吐痰者。腎水上泛也。足心有穴名曰湧泉。發熱者。陰虛也。作痒者。陰燥也。乃陰火起於九泉之下也。東垣治以補中益氣湯。下六味地黃丸。肺為氣海。參朮補氣。脾為肺母。芪朮益脾。當歸養血。陳皮理滯。升柴升陽。再以地黃滋水。山藥培土。山萸温木。茯苓清金。丹皮瀉火。澤瀉利濁。令脾腎兩強。則諸症悉平矣。

補中益氣湯
人參　黃芪　白朮　甘草　當歸
柴胡　陳皮　生姜　大棗
水煎服送六味丸

六味地黃丸
熟地　山藥　山萸　丹皮　茯苓　澤瀉
研末蜜丸每服三錢

咽痛脚氣

兩脚發熱。則咽喉作痛。口乾痰壅者。此腎虛之脚氣也。按少陰腎脉起於足上。循咽喉。腎火上炎故作痛。腎水上泛故痰壅。發熱口乾者。津液内竭也。乃腎経虛損。水虧而火不歸源也。養葵治以加味地黃丸。肺為腎母。人參麦冬五味。保肺以滋化源。腎為肺子。地黃山藥山萸。固腎以滋陰水。當歸和血。丹皮清火。升柴升清。苓瀉降濁。橘紅理滯。甘草調中。芪朮補土生氣。桂附引火歸経。大法也。

加味地黃丸

地黃 山茰 山藥 茯苓 丹皮 澤瀉 人參 黃芪

白朮 甘草 當歸 橘紅 升麻 柴胡 附子炮 肉桂

研末蜜丸每服三錢空心淡塩湯下常服自愈

三陽經脚氣

三陽者。風寒濕流注三陽経也。其症腰足拘痛。二便秘澁。煩悶嘔吐。或寒或熱。按拘痛便秘。属太陽膀胱。煩悶嘔吐。属陽明胃府。寒熱或作。属少陽胆経。捴因客邪會注於足之三陽。遂成此等脚氣矣。三因治以大料神秘左経湯。麻黃羗活防風。去太陽之邪。厚朴葛根枳殼。瀉陽明之滿。柴胡黃芩半夏。平少陽之氣。麦冬除煩。細辛通竅。肉桂祛寒。茯苓滲濕。殭蚕散風。防已行經。遠志開鬱。甘草和中。此治足三陽脚氣法也。又立加減於後。

大料神秘左経湯

麻黃 羗活 防風 葛根 厚朴 枳殼

柴胡 黃芩 半夏 麦冬 肉桂 茯苓

殭蚕 防已 遠志 甘草 細辛

各等分研末每服四錢姜三片棗二枚水煎服自汗去麻黃加白朮牡蠣黃腫加澤瀉木通熱甚無汗去桂加橘皮前胡升麻腹痛或利去黃芩加白芍附子大便秘加大黃竹瀝喘滿加杏仁桑皮蘇葉等分對症加減尤宜審治

太陽經脚氣

脚氣有腰足攣痺。関節重痛。憎寒壯熱。無汗悪寒悪風。頭痛眩運者。此風寒濕流注於足太陽経也。按足太陽脉。上額交巔。從巔絡腦。風客之則頭痛眩運。循肩挾脊抵腰。從腰貫臀。入膕中。濕入之則腰足攣痛。関節重痛者。寒濕也。憎寒壯熱。無汗。悪風者。風寒也。捴由邪入其經。故脚氣之見症如此。三因治以麻黃

左経湯。麻葛透表散熱。羌防利節祛風。苓朮培土燥湿。辛桂開竅逐寒。防已通行経絡。甘草和補三焦。風寒湿除。諸症自平矣。

麻黄左經湯

麻黄　乾葛　細辛　白朮　茯苓

羌活　防風　肉桂　甘草　防已

各等分研末毎服四錢姜三片棗一枚水煎空心服自汗去麻黄桂加桂枝白芍湿重者倍白朮陳皮汗不透者加杏仁澤瀉等分

陽明經脚氣

脚氣有腰脚赤腫疼痛。大小便秘。悪聞食氣。自汗喘满者。此風湿流注於足陽明經也。按風氣傷。寒傷血。湿傷肉。三者客於経絡。致脉道不行。故腫痛矣。至於悪食者。胃實也。自汗者。胃熱也。喘满者。胃逆也。便秘者。胃滞而氣不降也。揔由邪入其經。故脚氣之見症如此。三因治以大黄左經湯羌活前胡。去風勝湿。細辛茯苓。通竅除寒。黄芩甘草。清熱止汗。杏仁枳殻。利氣定喘。加厚朴散满。大黄通秘。令風湿鮮。寒热消。二便行。胸膈寛而脚氣自平矣

大黄左經湯

羌活　前胡　杏仁去皮尖　細辛　枳殻姜炒

茯苓　黄芩　厚朴姜汁炒　甘草　大黄酒製

各等分研末毎服四錢姜三片棗二枚水煎空心服腹痛加白芍秘結加阿膠喘急加桑皮紫蘇小便澁加澤瀉四肢瘡瘍浸淫加升麻並等分

少陽経脚氣

脚氣有胸脇疼。頭目眩。嘔吐口苦。寒熱。髀膝胻骨。外踝節痛者。此風寒湿流注於足少陽經也。按少陽属胆木。胆溢則口苦。少陽脉上角。風入則頭眩。胆脉行於脇。寒逆則脇痛。嘔吐者。邪在裡也。寒熱者。邪相争也。節痛者。湿在経也。少陽脚氣之見症如此。三因治以半夏左經湯。柴苓半夏。祛表之邪。白朮艸苓。奠中

焦之上。細辛益肝胆以止頭眩。葛根生津液以開腠理。麦冬保肺金以平甲木。
防風去風燥湿。姜桂逐寒通陽。遠志開鬱利竅由是而脚氣痊矣。

半夏左經湯

半夏 葛根 白术 茯苓 麦冬
細辛 柴胡 黄芩 防風 遠志
甘草 乾姜 肉桂

各等分研末每服四錢姜三片枣二枚水煎空心服热悶加竹瀝喘急
加桑皮杏仁並等分

三陰經脚氣

三陰者。風寒湿流注三陰經也。其症四肢拘攣。上氣喘满。小便秘澁。足心發熱。
偏身浮腫。緩縦不収。按肢孪浮腫。属太陰脾。以脾主四肢肉也。上氣喘满。属少
陰腎。以腎邪乘肺也。足熱便秘。属厥陰肝。以肝逆不疎也。揔因客邪會注於足
之三陰。遂成此等脚氣矣。和劑方治以換腿丸。羌防天麻草薢。搜肝風以勝湿。
石楠續断牛膝。温腎脉以散寒。黄芪固氣。當歸養血。薏仁木瓜石斛。益脾清热
以療脚軟。南星檳榔。破結行氣以通便秘。此治足三陰脚氣法也。

換腿丸

羌活两 防風两 天麻两 草薢炙两 石楠葉两
續断两 牛膝酒炒两 黄芪炙两 石斛两 當歸酒洗两
薏仁两 木瓜两 南星炮两 檳榔两

研末酒糊丸每服五十丸塩湯任下一方加附子南桂蒼术各一両

太陰經脚氣

脚氣有腹满膈痞。便秘浮腫。咽舌系急。脛骨股膝。核骨足趾痛者。此風寒湿注
於足太陰脾經也。按脾脉起於足大指端。過核骨後。上内踝前廉。循脛骨上膝
股内前廉入腹。上膈挟咽。連舌本。其支者。復從胃別上膈。注心中。其系急膈痞

腹滿便秘骨痛者。揔由邪客其経。故脚氣之見症如此。三因治以六物附子湯。附子桂心逐寒。蒼朮茯苓除湿。防己甘草通経。寒湿觧而風自散。諸病愈而脚氣平矣。

六物附子湯

附子　桂心　蒼朮　茯苓　防己　甘草

右㕮咀水煎服

少陰経脚氣

脚氣有腰脊痛腹滿脹。上氣喘急者。此腎経虛寒所致也。按足少陰脉。起於足之小趾。趋足心然谷穴下。循内踝後。别入後跟上腨。出膕上股。貫腰脊。其支者。從肺出絡心。注胸中。若腎虛而風寒湿入其経絡。致腎氣乘心。水来尅火。故脚氣之見症如此。實危候也。金匱治以八味丸。熟地滋腎。丹皮養心。茯苓滲湿。山萸去風。桂附逐寒。山藥固氣。澤瀉利邪。補腎水之虛寒。即所以去風寒湿之脚氣也。若面黑便淋。咳唾不已。小腹不仁者死。

八味丸

熟地　丹皮　茯苓　山萸肉

肉桂　附子　澤瀉　懷山藥

研末蜜丸空心開水下

厥陰経脚氣

脚氣有癱瘓疾瘛。半身不遂。手足頑麻。身体疼痛。語言蹇澁者。此風寒湿流注於厥陰肝也。按肝脉起於足大趾大敦穴。癱瘓者。肝血不榮筋也。肝脉貫膈。與督脉會於巔。半身不遂者。肝血不通経也。肝脉循喉嚨。絡舌本。語澁者。肝血不充舌也。肝脉交太陰脾。肢頑疾瘛体痛者。肝血不布。並脾元不運也。揔由邪入其經。故脚氣之見症如此。三因治以神應養真丹。當歸生血。生地滋血。白芍斂血。川芎和血。加羌活利節。天麻通竅。血足而諸症自平矣。

神應養真丹

當歸 生地 白芍 川芎 羗活 天麻

研末蜜丸每服三錢酒下一方加木瓜兎丝子

喘急脚氣

脚氣有喘急。腹中不仁者。此風寒濕入於肝腎也。按肝有七葉。潸布於腹。不仁者。邪逆而氣不通也。腎為肺子。位居於下。喘急者。邪逆而氣上冲也。其危候乎。三因治以吴茱萸湯。茱萸辛苦性熱。入三陰氣血兩分。逐寒燥湿。祛風。木瓜酸濇性温。入三陰氣血兩經。收脱和滞舒筋。二藥為丸酒下。令客邪散而正氣復則喘定腹和。脚氣自痊矣。妙方也。若妄投降氣之藥。鮮有不斃者。

吴茱萸丸

吴茱萸 塩水洗 木瓜 去穰切片晒干

各等分研末酒丸每服二錢至三四錢酒下以木瓜另蒸爛研膏和茱萸末為丸亦妙

攻心脚氣

兩脚受風寒湿氣。流於関節。攣痺疼痛。煩渴引飲。大小便或秘或利。甚至小腹不仁。足心隐痛。上攻心胸者。此邪入肝腎也。肝主筋。腎主骨。攣痺者。肝血虚也。煩渴者。腎水衰也。或秘或利者。肝腎兩虧也。小腹不仁者。肝腎不宣也。足心隠痛者。肝腎不足也。上攻心胸者。肝腎氣冲也。皆客邪所致也。三因治以十全丹。熟地蓯蓉補腎。杜仲牛膝強肝。萆薢去湿而治風寒。枸脊強肌而療身痛。石斛益氣而補精陰。地仙子養血而和真髓。加遠志茯苓。以交心腎。水生木潤。諸症恙平。

十全丹

熟地 两 蓯蓉 酒洗两 杜仲 两 牛膝 酒两 萆薢 两

枸脊 去毛两 石斛 酒炒两 遠志 两 茯苓 两 地仙子 两

研末蜜丸桐子大每服三錢空心酒下

風虛脚氣

風虛者。外風並寒濕。乘肝腎之虛而入也。其症脚膝痛引腰脊。按肝腎之脉起於足。上貫腰脊。邪滛経絡。脉道不宣。故作痛也。本事方治以思仙續断丸。生地甘寒滋水。杜仲甘温養木。五加皮辛苦而堅筋骨。淮牛膝酸苦而補腎肝。續断苦辛。宣通血脉。薏仁甘淡。可治拘攣。羌防辛苦捜風。萆薢甘平去湿。風湿觧而寒氣自消。肝腎充。而脚氣自痊矣。

思仙續断丸

杜仲 五兩 續断 三兩 五加皮 三兩 薏仁 三兩 萆薢 四兩
生地 五兩 羌活 三兩 牛膝 酒浸三兩 防風 三兩
研末酒三升化青盐三兩木瓜八兩去皮子以盐酒水煑木瓜杵丸桐子大每服三錢空心開水下

乾湿脚氣

兩脚腫痛者。名湿脚氣。不腫但痛者。名乾脚氣。按腫痛者。邪達表也。不腫但痛者。邪在裡也。其症發於春夏。而愈於秋冬。以春夏主散。秋冬主収也。揔由肝腎兩虛。風寒湿襲於経絡所致也。僅投燥湿驅風逐寒之品。則病痼不除。濟生治以神烏丸。牛膝酸苦而益腎肝。蓯蓉甘温而強筋骨。枸脊苦甘。除寒湿而利机関。萆薢甘平。袪風湿而消腫痛。海桐皮甘温。行經活絡。虎脛骨辛熱。健骨追風。加川烏辛燥散結。木瓜香濇和營。良法也。

神烏丸

牛膝 酒浸兩 肉蓯蓉 酒浸兩 枸脊 兩 萆薢 兩
海桐皮 兩 虎脛骨 兩 川烏 兩 木瓜 一箇
研末為丸每服二錢空心酒下

走痛脚氣

脚氣有腰足攣。脚面腫。筋脉急。走痛無定者何也。按肝主筋。筋脉急而不伸者。

肝虛也。腎主骨。腰足攣而不舒者。腎虛也。肝腎之脈起於足。兩趺趾走痛無定者。氣虛也。此寒濕乘虛入於肝腎之經絡也。三因治以勝駿丸。熟地牛膝補腎。當歸木棗養肝。附子溫經逐寒。羌活去風勝濕。木香天麻。行氣通脈。乳香沒藥。活血止痛。加射香開竅。甘草調元。寒濕散。肝腎充。諸症自平矣。臨症善行加減勿泥也。

勝駿丸

熟地 三兩 牛膝 二兩 當歸 二兩 木瓜 四兩 棗仁 炒二兩
附子 一枚炮 羌活 一兩 防風 三兩 木香 一兩 天麻 二兩
乳香 五錢 沒藥 五錢 射香 二錢 甘草 炙一兩

研末另用生地一斤酒煑膏和藥末為丸桐子大每服三錢臨臥時酒下一方有萆薢茯苓故紙巴戟各一兩地黃減半

兩脚轉筋

兩脚有轉筋者何也。蓋肝屬厥陰。脉起於足。肝為血海。血足榮筋。轉筋者。以肝血不和。而筋失其養也。其血之所以不和者。總由風寒襲入所致也。心法治以松節散。松節驅風能通骨節。乳香活血能治筋攣。木瓜和滯。為脚氣轉筋之品。研末以酒調下。則未有不愈者。或取蓼花莖切細。酒水各半煎服亦可。或用木瓜白芍當歸官桂甘草。酒水各半煎服亦妙。臨症酌用可也。

松節散

松節 二兩 乳香 二錢 木瓜 五錢

將松節乳香銅鍋炒焦和木瓜研末每服二錢酒下

脉候

脉訣舉要云 脚氣脉浮弦為風 濡弱為濕
遲濇為寒 洪數為熱